Norbert Fischer

War Ramses (k)ein Ägypter?

Eine – etwas andere – Biographie über Ramses II.

© 2019 Norbert Fischer

Autor: Norbert Fischer
Umschlaggestaltung, Illustration: Norbert Fischer

Verlag und Druck: tredition GmbH, Halenreie 40-44, 22359 Hamburg

ISBN: 978-3-7482-8289-1 (Paperback)
ISBN: 978-3-7482-8290-7 (Hardcover)
ISBN: 978-3-7482-8291-4 (e-Book)

Bibliografische Information der Deutschen Nationalbibliothek:
Die Deutsche Nationalbibliothek verzeichnet diese Publikation in der Deutschen Nationalbibliografie; detaillierte bibliografische Daten sind im Internet über http://dnb.d-nb.de abrufbar.

Einführung

„Soldaten, vierzig Jahrhunderte blicken auf euch herab!" Mit diesen Worten soll Napoleon Bonaparte am Morgen des 21. Juli 1798 seine Soldaten angefeuert haben, als diese unter den Pyramiden von Gizeh der mächtigen Mamlukenstreitmacht des ägyptischen Herrschers Murad Bey gegenüber stehen. Obwohl die Schlacht gewonnen wird und Napoleon am 24. Juli in Kairo einzieht, soll die Ägypten-Expedition zu einem Fiasko für die Franzosen werden. Nachdem der englische Admiral Horatio Nelson nur wenige Tage später – am 1. und 2. August – bei Abukir die französische Flotte schlägt, ist der Traum Napoleons, in die Fußstapfen Alexander des Großen zu treten und den Orient zu erobern sowie die Vorherrschaft des britischen Empires zu brechen, bereits ausgeträumt. Ein Jahr später – am 24. August 1799 – verlässt der glücklose Napoleon wieder das Land am Nil. Den größten Teil seiner Expeditions-Armee lässt er jedoch in Ägypten zurück. Die Soldaten können das Land erst nach der Kapitulation von General Menous – im Sommer des Jahres 1801 – verlassen.

Für die Wissenschaft ist die Expedition des Korsen dennoch ein großer Erfolg. Denn unter den Teilnehmern des Kriegszuges befinden sich nicht nur 36.000 Soldaten, sondern auch über 150 Experten aus den unterschiedlichsten wissenschaftlichen Fachbereichen. Unter der Leitung von Dominique Vivant Denon (1747-1825) – einem Mitglied der Académie Française – wird alles kartographiert, gezeichnet, vermessen und transkribiert, was den Wissenschaftlern unter die Augen kommt. Denons Interesse gilt jedoch nicht nur dem Ägypten der Neuzeit. Er besucht – während des Kriegszuges unter der Führung von General Desaix in Oberägypten – auch die antiken Stätten aus der Zeit der Pharaonen. Ihm ist es zu verdanken, dass die ägyptische Altertumsforschung seit jenen Tagen einen enormen Aufschwung erfährt.

Vivant Denon gehört mit zu den Privilegierten, die mit Napoleon Ägypten frühzeitig verlassen können. Am 9. Oktober 1799 betreten sie wieder französischen Boden. In Denons Reisegepäck befinden sich einige hundert Blatt Papier mit Zeichnungen, Skizzen und schriftlichen Aufzeichnungen. Diese bilden die Grundlage für sein Buch „*Voyage dans la Basse et la Haute Égypte*", welches bereits 1802 erscheint und sofort zum Bestseller wird. Auf Initiative von General Jean-Baptiste Kléber – einem weiteren Teilnehmer der napoleonischen Ägypten-Expedition, der im Juni 1800 in Kairo einem Attentat zum Opfer fiel – wird ein systematisches Verzeichnis aller Entdeckungen erstellt. Diese münden schließlich in die „*Description de l'Égypte*", die zwischen 1809 und 1824 unter der Leitung des Mathematikers Jean Baptiste Fourier in großvolumigen Text- und Bildbänden herausgegeben wird. Die Veröffentlichung löst eine wahre Ägyptomanie in nahezu allen Bevölkerungsschichten des 19. Jahrhunderts aus, denen eine beinahe hektische Ausgrabungs- und Sammlertätigkeit nach ägyptischen Altertümern folgt.

Ein weiterer Meilenstein für die Geschichtsforschung ist der Fund des Dreisprachensteins, den französische Soldaten im Juli 1799 bei Schanzarbeiten bei Rosette, dem heutigen Raschid, ausgraben. Diese – 112 mal 76 Zentimeter große und 762 Kilogramm schwere – Basaltplatte ist in drei Textteile gegliedert. Wie aus dem unteren Teil der Platte hervorgeht, den man schnell entziffert hat, da er in griechischer Schrift geschrieben wurde, enthält sie ein Dekret der ägyptischen Priestersynode, die sich zu Ehren des Herrschers Ptolemäus V. Epiphanes (reg. 204-180 v. Chr.) am 27. März des Jahres 196 v. Chr. in Memphis versammelt hatte. Die Inschrift weist außerdem darauf hin, dass das Dokument in drei verschiedene Schriften – der obere Teil Altägyptisch (den Hieroglyphen), das mittlere Drittel Demotisch und der untere Teil Griechisch – abgefasst ist. Nach der Kapitulation der Franzosen in Ägypten wird der Stein in Alexandria von den Engländern beschlagnahmt und nach Portsmouth verschifft. Von dort findet er seinen Weg nach London, ins Britische Museum, wo er seitdem zu sehen ist. Der „Stein von Rosette", bzw. eine Kopie desselben, soll Jahre später mit die Grundlage dafür bilden, dass die Hieroglyphen entschlüsselt werden. Der schwedische Gelehrte und Diplomat Johan David Åkerblad versucht sich in den folgenden Jahren ebenso daran, wie der englische Arzt und Physiker Thomas Young. Beide können jedoch nur Teilerfolge vermelden. Der endgültige Durchbruch zur Entzifferung der Hieroglyphen gelingt dem Franzosen Jean-François Champollion (1790-1832). Am 14. September 1822 ruft er seinem Bruder zu: *„Je tiens l'affaire!"* (Ich hab's!) und bricht anschließend vor Aufregung und Erschöpfung ohnmächtig zusammen.

Allgemein wird die Geburtsstunde dieses relativ jungen Zweigs der Wissenschaften – der Ägyptologie – auf den 27. September 1822 datiert, als Champollions Schreiben *„Lettre à M. Dacier relative à l'alphabet des hiéroglyphes phonétiques employés par les Égyptiens pour inscrire sur leurs monuments les titres, les noms et les surnoms des souverains grecs et romains"* – nach akademischer Sitte war das Werk in Form eines Briefes an eine bedeutende Person des Wissenschaftsbetriebes adressiert – vor der Pariser Académie des Inscriptions vorgestellt wird. Damit ergibt sich für die Ägyptologen erstmals die Möglichkeit, direkt auf altägyptisches Quellenmaterial zurückgreifen zu können.

Auch die überlieferten Aufzeichnungen antiker Reisender und Schriftsteller, welche in griechisch-römischer Zeit Ägypten besuchten, bieten den unzähligen Ägyptologen, Ausgräbern und Forschern – die das Land nach der napoleonischen Expedition geradezu überschwemmen – wertvolle Hinweise auf die vor 5000 Jahren entstandene Hochkultur der Ägypter. Dass die Geschichtsforschung über das alte Ägypten jedoch noch längst nicht abgeschlossen ist, erfahren wir fast täglich immer wieder aufs Neue. Nach über 20 Jahrzehnten Erforschung der Altägyptischen Geschichte werden auch heute noch Aufsehen erregende Entdeckungen gemacht. Eine der Sternstunden der Ägyptologie war wohl – im November 1922 – die Entdeckung des nahezu unberührten Pharaonengrabes Tut-ench-Amuns durch den Engländer Howard Carter (1874-1939) im Tal der Könige. Ob es sich bei den Entdeckungen, welche in den letzten Jahrzehnten gemacht wurden, um Textfragmente, Gräber, Paläste, Statuen oder Pyramidenschächte handelt, oft sind es nur winzige Details, die das Gesamtbild ergänzen oder abrunden. Unser Basiswissen über die Kultur der alten

Ägypter bleibt jedoch seit den Tagen Champollions – also seit fast 200 Jahren – nahezu unverändert.

Die Altägyptische Geschichte ist für uns vor allem die Geschichte seiner Herrscher – den Pharaonen. Einer der berühmtesten war unbestritten Ramses II. Er ist – neben dem Pyramidenerbauer Cheops, dem Ketzerkönig Echnaton und seiner Gemahlin Nofretete, dem Kindkönig Tutench-Amun und der Ptolemäerkönigin Kleopatra – eine der bekanntesten Persönlichkeiten der ägyptischen Geschichte, und für uns der Inbegriff eines altägyptischen Herrschers. Seine 66-jährige Regierungszeit (reg. 1279-1213 v. Chr.) wird nur von Pepi II. (um 2200 v. Chr.), einem Herrscher der 6. Dynastie, übertroffen, der als Kleinkind auf den Thron kam und angeblich 94 Jahre regiert haben soll.

Ramses II. lässt so viele Bauwerke errichten, wie kein Pharao vor oder nach ihm. Seine bekanntesten Bauwerke sind die monumentalen Felsentempel von Abu Simbel, der Große Säulensaal im Karnak-Tempel, der Eingangspylon am Luxor-Tempel, sowie sein Totentempel in Theben-West, Ramesseum genannt. Auch die Zahl seiner Nachkommen – nachweisbar sind inzwischen 40 Töchter und 45 Söhne – wird von keinem anderen Herrscher übertroffen. Ramses II. war eben auf allen Gebieten ein Gigant, ein wahrer Dinosaurier unter den Pharaonen.

Die Knechtschaft des Volkes Israel in Ägypten ist – zu Recht oder Unrecht, das sei hier erst einmal dahingestellt – ebenso mit seinem Namen verbunden, wie die Kriegszüge gegen die Hethiter, deren Höhepunkt die Schlacht bei Kadesch war.

Warum also sollte ausgerechnet Ramses II. – schon seine Zeitgenossen verliehen ihm den Beinamen „der Große" –, kein Ägypter sein? Es gibt jedoch einige Anhaltspunkte im Leben und Wirken Ramses' II., die den Verdacht aufkommen lassen, dass …

„Ganz allgemein lässt sich sagen, dass alles Dunkle und jeder Fehlschlag im Leben des Pharaos sorgsam unterdrückt wurden, so dass uns gerade die Einzelheiten fehlen, die einer wirklichkeitsgetreuen Geschichtsschreibung erst Farbe und Anschaulichkeit verleihen."

Sir Alan Gardiner

Geschichte des Alten Ägypten

1. Kapitel:
Von der 18. zur 19. Dynastie

Ramses II. wird etwa 1304/03 v. Chr., als Sohn des Sethos und dessen Gemahlin Tuja geboren. Vermutlich erblickt er in der damaligen ägyptischen Hauptstadt Memphis das Licht der Welt. Dort ist sein Vater zu jener Zeit als Offizier stationiert. Die väterlichen Vorfahren Ramses entstammen einer Offiziersfamilie die ursprünglich in der, im nordöstlichen Nildelta gelegenen, Stadt Avaris beheimatet war.

Ramses' Urgroßvater, der – ebenso wie Ramses' Vater – Suti (Sethos) hieß, hatte es bis zum Truppenobersten in den ägyptischen Streitkräften gebracht. Dessen Sohn – Ramses' Großvater – der um 1360 v. Chr. geborene Pa-Ramses (= Der [Sonnengott] Re ist es, der ihn geboren hat), diente ebenfalls als hoher Offizier in der ägyptischen Armee. Zu seiner militärischen Laufbahn kommen wir am Schluss dieses Kapitels. Die Karriere Pa-Ramses ist eng verknüpft mit der des ehemaligen Generals und Regenten Haremhab, der zur Zeit der Geburt Ramses' II. auf dem ägyptischen Thron sitzt.

Um nachzuvollziehen, weshalb und warum die Soldatenfamilie von Ramses II. überhaupt den Pharaonenthron Ägyptens in Besitz nehmen konnte, schauen wir etwa 250 Jahre zurück. Wir werfen dabei einen Blick auf die Pharaonen der glanzvollen 18. Dynastie und richten unsere Aufmerksamkeit besonders auf deren verwirrendes Ende, das gleichzeitig den Übergang zur 19. Dynastie darstellt.

Ägypten, Neues Reich – Beginn der 18. Dynastie, etwa 1540 v. Chr.

Menes, der legendäre Reichseiniger und Begründer der 1. Dynastie, lebte bereits vor 1500 Jahren und die Pyramiden von Gizeh, erbaut von den Pharaonen der 4. Dynastie, sind zu diesem Zeitpunkt schon eintausend Jahre alt. Ägypten – altägyptisch *Kemet* –, das „Schwarze Land" am Nil, erlebt während der 18. Dynastie kulturell eine seiner Blütezeiten und erreicht in dieser Epoche, auf Grund des Machtanspruchs der herrschenden Pharaonen, seine größte räumliche Ausdehnung.

Im Jahr 1522 vor Christus werden die Hyksos aus dem Land geworfen. Ursprünglich ein vorderasiatisches Nomaden- und Hirtenvolk, setzen sich die Hyksos auf ihrer Wanderung in Unterägypten fest und verdrängen die schwachen Kleinkönigtümer der 15. Dynastie. Sie lassen während ihrer rund 100-jährigen Herrschaft relativ unabhängige Stadtkönigtümer in Mittel- und Oberägypten zu. Unterägypten kontrollieren sie von ihrer –im östlichen Delta gelegenen – Residenz Avaris aus. Die Hyksos – das Wort stammt aus griechischer Zeit und bedeutet so viel wie „Hirtenkönige" – führen in Ägypten das Pferd und, damit verbunden, den Streitwagen ein. So sind sie den Ägyptern, zumindest auf militärischem Gebiet, weit überlegen.

Unter der Führung des Stadtfürsten von Theben – Sekenen-Re – kommt es schließlich zum bewaffneten Widerstand gegen die Besatzer. Bei seinem Kampf gegen die Hyksos kommt Sekenen-Re ums Leben. Seine Mumie weist Kopfverletzungen auf, die wohl von einem Schwert- oder Axthieb herrühren. Seine beiden Söhne führen jedoch den, unter ihrem Vater begonnenen, Unabhängigkeitskampf fort. Während auch Kamose im Kampf gegen die Hyksos sein Leben verliert, kann der jüngere Sohn – Ahmose (reg. etwa 1539-1514 v. Chr.) – den Befreiungskampf erfolgreich fortsetzen. Ihm gelingt es, die ehemalige Hauptstadt Memphis von den Hyksos zu befreien. Auch Avaris wird von ihm zurückerobert und die Hyksos endgültig aus dem Deltagebiet vertrieben. Im Süden kann der Einflussbereich des thebanischen Herrscherhauses bis zum 2. Nilkatarakt ausgedehnt werden. Ahmose vereinigt die Gaue Ober- und Unterägyptens wieder zu einem Reich und lässt sich zum Pharao krönen. Damit begründet er die 18. Dynastie.

Werden König Menes (um 3000 v. Chr.), der legendäre Gründer von Memphis, als Einiger des Alten Reiches und Mentuhotep II. (reg. etwa 2008-1957 v. Chr.) als Einiger des Mittleren Reiches angesehen, so geht Ahmose als Einiger des Neuen Reiches in die Geschichte des Landes ein.

Seinem Sohn Amenophis I. (reg. etwa 1514-1493 v. Chr.) gelingt es, die Grenzen Ägyptens zu festigen und an die überlieferten Strukturen des Mittleren Reiches anzuknüpfen. Theben rückt sowohl als Hauptkultort des Gottes Amun-Re, wie auch als Verwaltungszentrum in den Mittelpunkt des Landes. Mit dem Aufstieg Amuns zum Reichsgott Ägyptens gewinnen auch die Amun-Priester in Theben zunehmend an Macht und Einfluss. Während der Ramessidenzeit werden Amenophis I. und seine Mutter Ahmes-Nefertari als Schutzgottheiten von Theben-West verehrt.

Als eigentlicher Ahnherr der 18. Dynastie wird jedoch Thutmosis I. (reg. etwa 1493-1482 v. Chr.) angesehen. Er erwirbt die Kronen Ober- und Unterägyptens durch Heirat mit Ahmosis, einer Tochter seines Vorgängers. Thutmosis I. baut die ehemalige Hauptstadt Memphis zur Militärgarnison aus, und dringt von dort – über Palästina und Syrien – bis an den Euphrat vor. An den Ufern „des umgedrehten Wassers", wie der Euphrat von den Ägyptern genannt wird (weil er entgegengesetzt des Nils von Nord nach Süd fließt), stellt er Grenzstelen auf, um seinen Einflussbereich zu dokumentieren. Die Südgrenze Ägyptens kann er bis zum 4. Nilkatarakt ausdehnen. Als Warnung an Aufständische lässt Thutmosis I. deren Anführer mit dem Kopf nach unten am Bug seiner königlichen Barke aufhängen.

Der Pharao errichtet vor allem in Theben Tempelanlagen und Paläste. So lässt er die Umfassungsmauer um die Tempelanlage von Karnak erneuern und stellt – damit verbunden – zwei mächtige Obelisken auf. Sie sind jeweils 143 Tonnen schwer und über 21 Meter hoch. Als erster Pharao lässt sich Thutmosis I. von seinem Baumeister Ineni im *Biban el-*

Muluk, d. h. Königstor, besser bekannt als Tal der Könige, ein – bisher noch nicht einwandfrei identifiziertes – Grab anlegen. In dem – dem Pharao zugeschriebenen – Grab führt ein unterirdischer Gang zur ovalen Grabkammer, in der sich ein Sarkophag aus rotem Sandstein befindet. Die ovale Form der Grabkammer soll die Königskartusche symbolisieren. Der Totentempel des Pharao wird ebenfalls auf dem westlichen Nilufer errichtet. Er steht auf jenem schmalen Streifen Land, der den Übergang zwischen dem fruchtbaren Ufergürtel des Flusses und der Wüste bildet, die sich unendlich nach Westen hin ausdehnt. Anders als bei den Pyramidenbauten des Alten und Mittleren Reiches bilden Grab und Totentempel keine Einheit mehr, sondern sind räumlich voneinander getrennt.

Die Thutmosis I. zugeschriebene Mumie wurde 1881 in einem Sammelversteck gefunden. Im Juni 2007 wurde sie zahlreichen Gentests und computertomographischen Aufnahmen unterzogen. Dabei stellte sich heraus, dass die Arme der Mumie sich in einem ausgestreckten Zustand längs des Körpers befinden. Normalerweise liegen die Arme bei königlichen Mumien gekreuzt über der Brust. Eine weitere wichtige Entdeckung waren Metallgegenstände im Oberkörper, so u. a. eine Pfeilspitze unterhalb der elften Rippe. Bisher war man immer davon ausgegangen, dass der Pharao eines natürlichen Todes verstorben ist. Die CT-Aufnahmen zeigten außerdem, dass es sich bei der Mumie um die eines etwa 20- bis 30-jährigen Mannes handelt. Nach herkömmlicher Geschichtsschreibung verstarb Thutmosis I. aber im Alter von über 50 Jahren.

Thutmosis II. (reg. etwa 1482-1479), von dem jeweils ein Feldzug nach Nubien und Palästina bekannt ist, wird mit seiner Stiefschwester Hatschepsut verheiratet. Der Pharao stirbt nach knapp 3-jähriger Regierungszeit und hinterlässt das Reich seinem minderjährigen Sohn, der von einer Nebenfrau des Herrschers – Aset – abstammt.

Thutmosis III. (reg. etwa 1479-1426 v. Chr.) teilt sich den Thron mit seiner Stiefmutter/-tante Hatschepsut (reg. etwa 1479-1458 v. Chr.). Hatschepsut ist eine Tochter Thutmosis' I. Sie übt für den minderjährigen König, der zu diesem Zeitpunkt etwa 4 Jahre alt gewesen sein dürfte, die eigentliche Regentschaft aus. Doch bereits in ihrem gemeinsamen siebten Regierungsjahr lässt sich Hatschepsut, mit dem Segen Amuns und dessen Priester, zum König – nicht zur Königin – krönen. Wichtigster Berater der Herrscherin ist ihr persönlicher Vermögensverwalter und Günstling Senemut, der auch als Erzieher der Tochter der Königin fungiert.

Von den Bauten während der nun folgenden Alleinherrschaft Hatschepsuts ist vor allem ihr Terrassentempel bei Deir-el-Bahari zu nennen. Der Totentempel der Königin wurde unter der Leitung ihres Günstlings Senemut in den gewachsenen Felsen des Tales hinein gebaut. Zwei Rampen führen noch heute sanft ansteigend zu den Terrassen hinauf. Einst führte eine Allee, gesäumt von 200 Sphingen, welche die Gesichtszüge der Königin trugen, vom Nilufer bis zu ihrem Totentempel. Die Kapelle des Tempels ist der Göttin Hathor geweiht. In der Geburtshalle wird die Geburt der Königin aus der Vereinigung von Amun – ihrem göttlichen Vater – und ihrer irdischen Mutter Ahmosis dargestellt. Mit diesem Hinweis auf ihre göttliche Abstammung versucht Hatschepsut ihren Thronanspruch zu legitimieren. In verschiedenen Inschriften nennt sie sich daher auch „Tochter Amuns". Bei öffentlichen Zeremonien tritt sie häufig als Pharao, d. h. als männlicher Herrscher, auf. Sie trägt dazu auch die Statussymbole eines männlichen Oberhauptes. Dazu gehört der, um das Kinn gebundene, aus Leder geflochtene Zeremonienbart ebenso, wie den um die Hüfte geschlungenen Schwanz eines wilden Stieres.

Auch in Karnak betätigt sich Hatschepsut als Bauherrin. So lässt sie dort u. a. ein Barkensanktuar zu Ehren Amuns, die so genannte *Chapelle rouge* errichten sowie vier Obelisken von etwa 30 Meter Höhe aufstellen, von denen heute lediglich nur noch einer aufrecht steht. Im ganzen Land werden von ihr die – von den Hyksos zerstörten – Tempel wieder aufgebaut, restauriert und mit Schenkungen bedacht.

Terrassentempel der Hatschepsut

Ihre Flotte schickt Hatschepsut erstmals in ihrem 9. Regierungsjahr, wie in der linken Pfeilerhalle des Terrassentempels ausführlich dargestellt, unter der Leitung ihres Schatzmeisters Nehesi über das Rote Meer in das Weihrauchland Punt. Das sagenumwobene Land Punt dürfte etwa mit dem Gebiet zwischen dem heutigen Somalia und den Nilquellen identisch sein. Damit knüpft Hatschepsut an eine Tradition der Pharaonen aus dem Mittleren Reich an, die Schiffe für Handelsexpeditionen in ferne Länder ausrüsteten. Die Punt-Expedition der Königin bringt von ihrer friedlichen Mission – neben dem kostbaren Weihrauchharz und grünen Weihrauchbäumen, die entlang des Aufwegs zu ihrem Totentempel gepflanzt werden – Gewürze, Straußenfedern, Elfenbein, Gold, Tierfelle, edle Hölzer und lebende exotische Tiere mit nach Ägypten.

Nach der etwa 20-jährigen Herrschaft Hatschepsuts übernimmt ihr Stiefsohn Thutmosis III. die alleinige Macht über das Land am Nil. Ursprünglich hatte sich Hatschepsut eine Grabanlage in einer fast unzugänglichen Schlucht, etwa eineinhalb Kilometer von ihrem Totentempel entfernt, bauen lassen. Doch wurde das Grab, in dem man auch einen Sarkophag fand, nie belegt. Das eigentliche Königsgrab der Herrscherin befindet sich im Tal der Könige und misst vom Eingang bis zur Grabkammer 213 Meter. Der Engländer Howard Carter, der das Grab 1903 freilegt, findet unter Schutt und Geröll nur noch ein paar zerbrochene Ton- und Steingefäße mit der Namenskartusche der Herrscherin. Das Grab war – wie schon so viele andere – in antiker Zeit aufgebrochen und seiner Schätze beraubt worden. In der Grabkammer standen jedoch noch zwei leere Sarkophage aus gelbem Quarzit, die – laut Inschriften – für Hatschepsut und ihren Vater, Thutmosis I., vorgesehen waren.

Ebenfalls 1903 entdeckt Howard Carter ein weiteres Grab im Tal der Könige. Darin liegen zwei schwer beschädigte Frauenmumien. Carter interessiert sich nicht weiter für das Grab, da es keine Kostbarkeiten enthält. Er versiegelt es wieder. 3 Jahre später öffnet der Engländer Edward Ayrton das Grab erneut und bringt eine der Mumien in ihrem Holzsarg – es handelt sich um Sitre-In, der Amme Hatschepsuts – ins Museum nach Kairo. Die zweite Mumie lässt er jedoch unbeachtet in der Grabkammer zurück. Der Grabeingang wird verschlossen und das Grab gerät lange in Vergessenheit, bevor es der Amerikaner Donald P. Ryan 1989 wieder öffnet. Er legt die unbekannte Frau in einen Holzsarg und sichert den Grabeingang mit einer Tür. Er vermutet, dass es sich bei der 1,55 Meter großen Mumie um die der Königin Hatschepsut handeln könne, da sie – in der für die 18. Dynastie typischen Grabhaltung für königliche Gemahlinnen – den linken Arm mit geballter Faust über die Brust gebeugt, den rechten Arm seitlich am Körper anliegend, mumifiziert worden war. Zudem findet Ryan in einem Haufen staubiger Überreste eine Klammer, wie sie die Pharaonen benutzten, um ihren göttlichen Bart am Kinn zu befestigen. Nun scheinen alle Zweifel beseitigt, die Frauenmumie könnte – muss – die der Hatschepsut sein.

Im Juni 2007 gibt Zahi Hawass – Chef der ägyptischen Altertümerverwaltung – auf einer Pressekonferenz bekannt, dass die zweite Mumie im Grab der Sitre-In anhand von DNA- und computertomographischen Tests als die der Königin Hatschepsut identifiziert worden ist.

Die DNA-Analyse des Gewebes und Vergleiche der Schädeleigenschaften ergaben, so Hawass, dass die Tote mit Hatschepsuts Vater Thutmosis I., ihrem Halbbruder Thutmosis II. und ihrem Stiefneffen Thutmosis III. verwandt gewesen sein muss. Das war aber noch lange kein sicherer Beweis für die Identität der Königin.

Als weiteres Indiz wurde ein 1881 gefundener Kasten hinzugezogen, welcher die Kartusche der Königin trug. Der Kasten aus dem Fundus des Ägyptischen Museums enthielt innere Organe, welche die Jahrtausende jedoch nicht überdauert hatten. Er enthielt zudem aber einen gut erhaltenen Backenzahn. Sollte der Zahn zu Hatschepsut gehören – bzw. die mutmaßliche Mumie Hatschepsuts zu dem Zahn –, müssten beide zusammen passen. Da man es nicht wagt, den starren Kopf der Mumie aufzubrechen, da sonst der Leichnam zerstört worden wäre, entschließt man sich zu einem computertomographischen Test. CT-Spezialisten schieben die mutmaßliche Mumie der Königin in die Röhre und entdecken beim Scannen tatsächlich eine Lücke im Unterkiefer. Die Stelle lässt sich genau vermessen. Der Vergleich der Mumie mit dem Zahn aus dem Kasten zeigte eine hundertprozentige Übereinstimmung.

Die Tests hatten nicht nur die Identität der Königin bestätigt, sondern auch einige andere Details offenbart. Nach Meinung der Forscher soll Hatschepsut übergewichtig gewesen sein. Sie litt an Diabetes und starb im Alter von etwa fünfzig Jahren an Leberkrebs.

Warum und von wem Hatschepsut in das Grab ihrer Amme gelegt wurde, blieb ungeklärt.

Thutmosis III., der als kriegerischster Pharao der 18. Dynastie gilt, begibt sich schon im ersten Jahr seiner Alleinherrschaft auf einen Feldzug, der ihn in die nordöstlichen Provinzen führt. Auf seinen weiteren Kriegszügen zieht er in Jerusalem ein und besiegt in der Schlacht bei Meggido, nach 7-monatiger Belagerung, eine Koalition von abtrünnigen syrischen und palästinensischen Kleinkönigtümern. Thutmosis III. führt seine Armee, wie schon sein Großvater, bis an den Euphrat, der die natürliche Grenze zwischen dem ägyptischen Einflussgebiet und dem Mitanni-Reich darstellt. Obwohl die ägyptische Armee dabei den Fluss auf Flössen überquert, dringt sie nicht weiter in das Reich der Mitanni vor. Am Ufer des Flusses stellt er – ebenso wie einst sein Großvater – Grenzstelen auf. Selbst das – an das Mitanni-Reich – östlich angrenzende Assyrien leistet Tributzahlungen an den mächtigen Pharao.

General Amenemheb, der später Befehlshaber der königlichen Leibgarde werden soll, berichtet über die Feldzüge des Königs. So beschreibt er u. a. auch eine Elefantenjagd, die der Pharao während einer seiner Feldzüge in Syrien unternimmt. Dabei wird Thutmosis III. von dem größten Tier der Herde angegriffen. Amenemheb stürzt sich auf das Tier und haut ihm mit seinem Schwert den Rüssel ab. Zum Dank, dass er dem Herrscher das Leben rettet, wird er von diesem reich belohnt.

An der Südgrenze des Reiches kann Thutmosis III. die Nubier endgültig unterwerfen. Insgesamt führt er zwischen seinem zweiundzwanzigsten (dem ersten Jahr seiner Alleinregierung) und zweiundvierzigsten Regierungsjahr siebzehn Feldzüge. Von den Ägyptologen des ausgehenden 19. Jahrhunderts wird er deshalb auch gerne als altägyptischer Napoleon bezeichnet. Ägypten wird unter Thutmosis III. endgültig zum Weltreich und Theben zur größten Stadt der damals bekannten Welt.

Von seinen zahlreichen Feldzügen in Vorderasien bringt Thutmosis III. seltene Tier- und Pflanzenarten mit nach Ägypten. Der König hat sie als Reliefs im so genannten „Botanischen Garten" von Karnak darstellen lassen. Hauptbauwerk des Herrschers in Karnak ist jedoch die Festhalle des Amun-Tempels. Der Gebäudekomplex, der aus drei Hauptteilen besteht, dient dem Pharao als Erneuerungstempel bei seinen Thronjubiläen. Neben mehreren Obelisken, die Thutmosis III. in Karnak aufstellen lässt, wird der Heilige See von ihm ebenfalls erweitert. Einer seiner Obelisken wurde im 4. Jahrhundert auf Anordnung von Theodosius I. nach Konstantinopel geschafft, wo er noch heute zu sehen ist.

In seinen letzten Lebensjahren scheint sich Thutmosis III. als Bilderstürmer betätigt zu haben. So sind die Namenskartuschen Hatschepsuts aus vielen Tempelwänden heraus gemeißelt und ihre Statuen zerschlagen. Auch der Terrassentempel der Königin bleibt davon nicht verschont. Im Sommer 2001 entdeckte ein polnisch-ägyptisches Archäologen-Team bei Restaurierungsarbeiten, dass die mit Goldplättchen geschmückte Wanddekoration in der Geburtshalle des Totentempels von ihrem Nachfolger mit einer Staub- und Gipsschicht überzogen wurde, um den Namen der Herrscherin unkenntlich zu machen. Die mächtigen Obelisken seiner Stieftante im Karnak-Tempel lässt Thutmosis III. ummauern. Auf der Königsliste von Karnak (heute im Louvre ausgestellt), welche von Thutmosis III. im Zentrum des Tempels angelegt wird, sind die Namenskartuschen von ihm und seinen Vorgängern aufgeführt. Es fehlt jedoch der Namenszug seiner einstigen Mitregentin.

Amenophis II. (reg. etwa 1426-1400 v. Chr.) wird schon zu Lebzeiten seines Vaters von diesem als Mitregenten eingesetzt. Als Thutmosis III. nach zweijähriger Doppelherrschaft verstirbt, geht die Pharaonenwürde daher nahtlos auf seinen Sohn über. Unter Amenophis II. erhält die Amun-Priesterschaft in Theben noch mehr Macht. Dank der reichlichen Vorkommen von Gold, Silber und Halbedelsteinen, die vor allem in den Bergwerken des Sinai und in Nubien abgebaut werden, ist Ägypten zu jener Zeit wirtschaftlich unabhängig. Dazu kommen noch Tributzahlungen aus den von seinem Vater eroberten Gebieten. Obwohl auch Amenophis II. Feldzüge gegen das Reich der Mitanni unternimmt, deren Kernland zwischen den Oberläufen von Euphrat und Tigris liegt, werden von ihm keine neuen Gebiete mehr erobert. In Karnak lässt er u. a. den Mut-Tempel bauen.

Mit Thutmosis IV. (reg. etwa 1400-1390 v. Chr.) beginnt für Ägypten eine friedfertige Periode der Innen- und Außenpolitik. Das Nachbarreich der Mitanni im Nordosten sucht in dieser Zeit einen Verbündeten gegen die Hethiter. Der Volksstamm der Hethiter, im anatolischen Hochland beheimatet, hat sich mittlerweile zu einer weiteren Großmacht im vorderasiatischen Raum entwickelt. Der Beistandspakt zwischen Mitanni und Ägypten wird durch die Heirat des Pharao mit einer Mitanni-Prinzessin – Mutemwija – besiegelt. Im Karnak-Tempel lässt der Pharao einen 34 Meter hohen Obelisken aufstellen, an dem bereits unter seinem Großvater – Thutmosis III. – gearbeitet wurde. Der Obelisk wurde 357 n. Chr. nach Rom gebracht und steht seit 1588 im Lateran.

Erwähnenswert ist die so genannte Traumstele, die Thutmosis IV. zu Füßen des Sphinx von Gizeh aufstellen lässt. Es geschah, so heißt es auf der Stele, dass ein Prinz des Königshauses in der Wüste bei Gizeh zur Jagd ging. Sein Name war Thutmosis; er war einer der jüngeren Söhne Amenophis' II. und hatte deshalb kaum Aussichten, jemals den Thron zu besteigen. An jenem Tag brannte die Sonne besonders heiß, und der Prinz wurde müde. Da er sich in der Nähe des großen Sphingen befand – von dem nur noch der Kopf aus dem vom Wind angehäuften Wüstensand ragte –, suchte er in dessen Schatten einen Platz um auszuruhen. Da hatte der Sohn des Königs einen seltsamen Traum, in dem der Sphinx, der den Sonnengott Harmachis verkörpert, lebendig wurde und zu ihm sprach: Thutmosis möge ihn aus dem Sand befreien, und er würde ihn zum König machen. Als der Prinz erwacht, eilt er ins nahe Memphis, um einen Trupp Arbeiter zusammenzustellen, die den mächtigen Löwenkörper, der zu diesem Zeitpunkt schon 1200 Jahre alt ist, von seinen Sandverwehungen befreiten. Auch der Sphinx hält sein Versprechen. Nach dem Tod des Vaters wird Thutmosis von seinen älteren Brüdern zum König gewählt.

Die Handelsbeziehungen Ägyptens erstrecken sich während der 18. Dynastie von den Mittelmeerinseln Zypern und Kreta über Palästina, den Libanon und Syrien bis ins ferne Babylon. Die Städte Byblos und Sidon bilden wichtige Ausgangshäfen für den Transport des Zedernholzes, welches in den Bergen des Libanons geschlagen wird. Das kostbare Holz wird im fast baumlosen Ägypten vor allem für den Bau der Flotte gebraucht. Die ägyptische Flotte fährt – wie schon unter Hatschepsut – über das Rote Meer bis in das Weihrauchland Punt und bringt von ihren Expeditionen exotische Tiere und Pflanzen sowie andere Kostbarkeiten mit. Durch ein fortschrittliches Verwaltungswesen, welches von den Pharaonen der 18. Dynastie als Erbe aus dem Mittleren Reich übernommen werden konnte, und von ihnen noch weiter ausgebaut wird, herrscht im Land großer Wohlstand.

„... was Theben hegt, Ägyptens Stadt, wo die Häuser mit Schätzen gefüllt sind; einhundert Tore besitzt sie, durch jedes einzelne ziehen zweimal hundert Männer mitsamt den Pferden und Wagen."

Dieses „Hunderttorige Theben", wie es später in Homers 9. Gesang der *„Ilias"* genannt werden soll, – auf altägyptisch *Weset* – die Hauptstadt des Reiches, ist die größte Stadt der damals bekannten Welt und soll in ihrer Blütezeit annähernd 1 Millionen Einwohner gehabt haben. Herodot, der allgemein als der Vater der Geschichtsschreibung angesehen wird, besuchte Ägypten auf seinen Studienreisen zwischen 450 und 440 v. Chr. In seinen *„Historien"* berichtet er, dass das Gebiet von Theben einen Umfang von 6120 Stadien gehabt habe, das wären etwa 30 Kilometer.

Amenophis III. (reg. etwa 1390-1353 v. Chr.), der den Thron von seinem Vater übernimmt, kann das Leben genießen. Bis auf einen Aufstand in Nubien, der im fünften Regierungsjahr des Pharao von dessen Vizekönig Merimes niedergeschlagen wird, braucht er keine Feldzüge zu führen. Die Reichtümer, welche durch die Taten seiner Vorgänger in das Land fließen, erlauben Amenophis III. ein Leben in Wohlstand und Luxus. Nicht umsonst wird er „der Prächtige" genannt.

Auf Gedenkskarabäen lässt der Pharao seine Hochzeit mit Teje, Tochter eines Priesters aus Achmim, festhalten. Auf weiteren Skarabäenserien, die Amenophis III. während seiner Regierungszeit herausgibt, sind Stier- und Löwenjagden festgehalten, bei denen sich der König mehrfach auszeichnet.

In Theben errichtet Amenophis III. einen Tempel, welcher der thebanischen Göttertriade Amun, Mut und Chons geweiht ist, den heutigen Luxor-Tempel. Der Hof (52 mal 46 Meter) ist von doppelreihigen Papyrusbündelsäulen umgeben und der Geburtsraum an der Ostseite des Tempels zeigt die Zeugung des Pharao durch Amun. Im Karnak-Tempel setzt er die Bauten seines Großvaters am dritten Pylon fort. In den nubischen Tempeln von Soleb und Sedenga, die von ihm errichtet werden, lässt er sich – gemeinsam mit seiner Gemahlin Teje – göttergleich verehren. Seinen königlichen Palast errichtet der Pharao auf dem westlichen Nilufer. Die Westseite des Flusses – das Reich des Totengottes Osiris – war bisher nur den Verstorbenen vorbehalten, für die dort Totentempel und Grabanlagen errichtet wurden.

Für seine Königliche Gemahlin Teje lässt er einen künstlichen See anlegen, der durch einen Kanal mit dem Nil verbunden ist. Binnen zwei Wochen wird er fertig gestellt. Die Königin weiht ihn mit einem Ausflug auf der königlichen Barke ein, die den Namen *„Herrlichkeit des Aton"* trägt.

Von seinem, mit einer 8,50 Meter breiten Umfassungsmauer umgebenen, Totentempel am Westufer des Nils, der mit einer Fläche von 385.000 Quadratmetern sogar die Anlage des damaligen Amun-Tempels von Karnak übertrifft, ist außer den beiden Torwächtern, den so genannten Memnon-Kolossen, nicht viel erhalten geblieben. Der Blick der beiden – aus Quarzstein gehauenen – Sitzstatuen, die den Herrscher darstellen, ist in Richtung Osten gerichtet. Sie blicken der aufgehenden Sonne entgegen, deren Strahlen von dem glimmenden Gestein reflektiert werden. So sollten sie die sich täglich erneuernde Lebenskraft des Königs symbolisieren, der diese aus den Strahlen der Sonne empfing und wieder zurückgab. Die beiden Kolosse, jeweils 20 Meter hoch und 720 Tonnen schwer, erhielten ihren Namen in der Antike. Memnon war der Sage nach ein Held, der bei Troja von Achilles getötet wurde. Die Kolosse wurden im Laufe der Jahrhunderte durch Erdbeben und Erosion immer wieder stark beschädigt. Morgens, bei Sonnenaufgang, gaben die beiden Statuen – bedingt durch den extremen Temperaturwechsel – knarrende Geräusche von sich. Die Menschen der Antike glaubten daher, Memnon begrüße klagend seine

Mutter Eos, die Göttin der Morgenröte. Eine gewisse Namensähnlichkeit zwischen dem Thronnamen Amenophis' III. *(Neb-Maat-Re,* auf babylonisch: *Nimmuria*) und Memnon dürfte bei der Namensgebung der beiden Kolosse ebenfalls eine Rolle gespielt haben. Der römische Kaiser Septimius Severus ließ die Monumentalstatuen während seiner Reise nach Theben – 199 n. Chr. – restaurieren, und damit hatte das „klagen" ein Ende.

Memnon-Kolosse Amenophis' III.

Ausgeführt werden die Bauvorhaben Amenophis' III. von seinem Berater Amenophis-Sa-Hapu, der nach seinem Tod – ebenso wie das Universalgenie Imhotep, der unter Pharao Djoser Heilkundiger, Schreiber und Baumeister der Stufenpyramide war – als Gelehrter und Weiser verehrt wird. Der Sohn des Hapu leitet nicht nur die gewaltigen Bauprojekte des Herrschers, sondern ist auch als dessen Vermögensverwalter und Erzieher der Königstöchter tätig. Ihm wird die seltene Gunst des Pharao zuteil, dass er sich, als gewöhnlicher Sterblicher, einen eigenen Totentempel auf dem Westufer Thebens – unweit des Totentempels Amenophis' III. – errichten darf.

Auch das Kunstverständnis ändert sich während der Regierungszeit Amenophis' III. entscheidend. Waren beim Amtsantritt des Pharao die Bildnisse und Statuen des Herrschers noch stark idealisiert dargestellt, so gibt es später Statuen von ihm, welche ihn in lässiger Haltung, mit schlaffen Gesichtszügen, Doppelkinn und einem aufgeschwemmten Körper zeigen.

Neben den Tempelbauten, in denen die Reichsgötter verehrt werden, lässt der König auch ein Sonnenheiligtum errichten, um die Sonnenscheibe anzubeten.

Das ausgeraubte und fast gänzlich zerstörte Grab des Pharao wird im August des Jahres 1799 von zwei Mitgliedern der napoleonischen Ägypten-Expedition – Prosper Jollois und Baron Edouard de Villiers du Terrage – entdeckt. Es befindet sich in einem westlichen Seitenarm des Königstales.

Der Schöngeist Amenophis III. nimmt in seinem 10. Regierungsjahr – wie schon sein Vorgänger – eine Mitanni-Prinzessin namens Giluchepa zur Zweitfrau, welche mit 317 Ehrendamen in den ägyptischen Hof einzieht. Jahre später wird dem inzwischen über 45-jährigen für viel Gold eine weitere Prinzessin aus Mitanni geschickt, Taduchepa. In ihrer Mitgift für Amenophis III. befindet sich auch eine Statue der Göttin Ischtar von Ninive. Die semitische Göttin der Liebe und des Krieges, der auch ungewöhnliche Heilkräfte zugeschrieben werden, soll den Herrscher von seinen Krankheiten heilen. Doch auch die Göttin kann dem Pharao nicht mehr helfen. Amenophis III. verstirbt kurz nach Ankunft der Mitanni-Prinzessin. Ob er sie noch geheiratet hat, ist nicht belegt. Die Regierungsgeschäfte werden während der letzten Jahre des Herrschers von der Königlichen Gemahlin Teje geführt. Die kahlköpfige Mumie des Pharao zeigt, dass er – im Alter von noch nicht einmal 50 Jahren – von schweren Krankheiten gezeichnet ist. So sind ihm die unteren Schneidezähne – auf

Grund von Abszessen, die für den König wohl äußerst schmerzhaft waren – ausgefallen.

Als Nachfolger Amenophis' III. wird sein Sohn Amenophis IV. (reg. etwa 1353-1336 v. Chr.) zum Pharao gekrönt. Amenophis IV., bekannter unter dem Namen Echnaton, ist einer der berühmtesten, aber auch umstrittensten Herrscher des Alten Ägypten. Trotz unzähliger Bücher und Abhandlungen, die über ihn geschrieben wurden, herrscht noch immer keine Klarheit über die Person Echnaton.

Bei der Regierung des Landes wird der junge Amenophis IV. von seiner Mutter Teje unterstützt. Der Pharao nimmt Nofretete zur Königlichen Gemahlin, die in den nächsten Jahren sechs Töchter – aber keinen männlichen Nachkommen – zur Welt bringt. Über die Herkunft Nofretetes – eine der bekanntesten Frauengestalten der Weltgeschichte – ist viel gerätselt worden. Häufig wurde sie mit der Mitanni-Prinzessin Taduchepa gleichgesetzt, da der Name Nofretete mit „die Schöne, die da kommt" übersetzt wird. Diese Theorie wurde jedoch inzwischen wieder verworfen. Einige Ägyptologen vertreten die These, dass Nofretete eine Tochter Ejes war. „Gottesvater" Eje, so sein Ehrentitel, war einer der engsten Vertrauten Amenophis' VI. und vermutlich ein Bruder der Königlichen Gemahlin Teje. Damit dürfte Nofretete eine Cousine des jungen Herrschers gewesen sein. Gesicherte Beweise über die Abstammung Nofretetes liegen bis heute nicht vor.

In Theben beginnt Amenophis VI. – inmitten der Tempelanlage von Karnak, einen Steinwurf östlich des Amun-Bezirkes – mit dem Bau eines riesigen Tempels, der ausschließlich dem Sonnengott Aton geweiht ist. Später soll dieser Tempelteil unter Haremhab abgetragen, und die Steine beim Bau dessen Pylone im Karnak-Tempel als Füllmaterial benutzt werden.

Obwohl diese Tatsache schon länger bekannt ist, beginnt der Amerikaner Ray Winfield Smith erst Mitte der 60er Jahre die rund 120.000 Steinblöcke mit Hilfe von Computern zu erfassen. Bis 1968 sind etwa 25.000 davon aufgenommen und zu insgesamt 60 Bildern rekonstruiert worden. 283 dieser Reliefblöcke sind im Original im 1976 eröffneten Museum von Luxor zu einer *talatat*-Wand zusammengestellt. Das Wort *talatat* stammt aus dem ägyptischen Arabisch und bedeutet so viel wie „Dreier". Im Gegensatz zu den riesigen Steinblöcken, die sonst bei Tempelbauten Verwendung fanden, waren diese nur drei Handspannen breit und somit leichter und schneller zu verarbeiten. Auf dieser so genannten *talatat*-Wand sind, neben Szenen des täglichen Lebens, auch Echnaton und Nofretete – teilweise mit ihren Töchtern – unter den Strahlen des Sonnengottes Aton zu sehen. Die Sonnenscheibe, deren Strahlen in Form von Händen auslaufen, welche das Anch-(Lebens)-Zeichen halten, schwebt dabei segnend über der königlichen Familie. Nach Donald B. Redford, einem kanadischen Ägyptologen, der sich in den siebziger Jahren daran machte, das Aton-Heiligtum zu rekonstruieren, hatte die Anlage eine Größe von etwa 130 mal 200 Meter. Die Säulen in seinem Inneren wurden von Kolossalstatuen des Königs und seiner Gemahlin flankiert.

Anders als sein Vater, bietet Amenophis IV. den mächtigen Amun-Priestern von Theben die Stirn. In seinem 4. Regierungsjahr kommt es zu radikalen Umbrüchen und zum endgültigen Zerwürfnis zwischen Pharao und Amun-Priesterschaft. Amenophis IV. schickt, um die Opposition der Priester in Theben zu schwächen, den Hohepriester Amuns – Mai – als Leiter einer Expedition in die Ostwüste des Reiches. Der Pharao ändert seinen Namen in Echnaton = „dem Aton gefällig". Echnaton erhebt in diesem Jahr seiner Regierung Aton zum Hauptgott. In den darauf folgenden Jahren lässt der König den Amun- und andere Götter-Kulte verbieten und erhebt seinen Sonnengott Aton zum einzigen, wahren Gott des Landes. Zugleich lässt er sämtliche Inschriften, die in irgendeiner Art und Weise auf Amun und die anderen Götter Bezug nehmen, auf Tempelwänden, Säulen und Statuen tilgen. Auch die Königskartuschen seines Vaters – in denen der Name Amuns zu lesen ist – finden dabei keine Gnade vor den Augen des Herrschers.

Ebenfalls in seinem 4. Regierungsjahr beginnt Echnaton damit, etwa

350 Kilometer nördlich von Theben – am Ostufer des Nils –, den Grundstein für eine neue Hauptstadt zu legen. Bereits 2 Jahre später zieht Echnaton mit seiner Anhängerschaft in Achetaton, wie er die Sonnenstadt nennt, ein. Die Grenzen der neu gegründeten Stadt – heute Tell-el-Amarna genannt – lässt der Pharao in den nächsten Jahren von vierzehn Stelen markieren, von denen drei am Westufer stehen. Auf Stelen aus dem 8. Jahr seiner Herrschaft erneuert der König seinen Eid, die Grenzen der Stadt nie mehr zu überschreiten.

Die Fassade des Königspalastes von Achetaton erstreckt sich auf eine Länge von achthundert Meter. Zwischen Palast und der Privatresidenz Echnatons verläuft eine mit Bäumen gesäumte Prachtstraße. Beide Gebäudekomplexe sind mit einer Brücke verbunden, in der ein so genanntes Erscheinungsfenster – eine Art Loggia – eingelassen ist. In ihm zeigt sich Echnaton mit seiner Familie um seine Anhänger zu belohnen und mit dem Ehrengold auszuzeichnen – so zu sehen im Beamtengrab Ejes.

Echnaton schreibt einen Sonnen-Hymnus für seinen Gott Aton, dessen Inhalt uns aus verschiedenen altägyptischen Quellen erhalten geblieben ist. Ähnlichkeiten mit dem Psalm 103 aus dem Alten Testament sind dabei nicht zu übersehen. Auch die plastische Kunst entwickelt sich unter Echnaton in ungeahnte Dimensionen. Jede Statue und Abbildung durfte den König bisher nur als göttliche Inkarnation, d. h. ohne menschliche Makel, darstellen. Die naturalistische Darstellung des Herrschers, bereits ansatzweise unter seinem Vater begonnen, wird unter Echnaton nicht nur fortgesetzt, sondern geht dabei ins Extreme. Bekannt sind uns vor allem Bildnisse und Statuen des Königs mit dem weit ausladenden Hinterkopf, seinen wulstigen Lippen und den breiten, fast weiblichen, Hüften. Wurden die Pharaonen bisher immer so dargestellt, dass sie die Götter des Landes anbeteten oder ihnen Opfer darbrachten, so ändert sich unter Echnaton auch diese Szenerie. Jetzt segnet Aton – in Form der Sonnenscheibe mit den auslaufenden Strahlenhänden – den König mit seiner Gemahlin. Auch Familienszenen aus dem Herrscherhaus – bisher ein Tabu – sind häufige Motive jener Zeit.

Echnaton sieht sich als religiöser Führer und Mittler Atons. Er vernachlässigt die von seinen Vorgängern betriebene Außenpolitik. Die Ausgaben für das Heer werden von ihm ebenfalls drastisch reduziert. Die Befehlshaber der Armee beschweren sich regelmäßig bei Echnaton, da die unterworfenen asiatischen Provinzen keine Tributzahlungen mehr entrichten und sich allmählich von Ägypten lossagen. Die meisten Provinz- und Stadtfürsten des Ostens suchen Anschluss an das Großreich der Hethiter, welches im Nordosten nur auf den Machtverfall Ägyptens gewartet hat, um seine Vormachtstellung in der dortigen Region auszubauen. Selbst die Interventionen seiner Mutter Teje nützen nichts. Echnaton ist nicht bereit, wegen der abtrünnigen Provinzen in Palästina und Syrien Feldzüge zu führen. Auch das ferne, ebenfalls aufstrebende, Assyrien nutzt die Passivität Ägyptens. Es bedroht das – mit dem Herrscherhaus Ägyptens verwandtschaftlich verbundene – Reich der Mitanni an dessen Ostflanke. Als Echnaton auch auf diese Bedrohung nicht reagiert, schieben die Assyrer den Grenzverlauf weiter vor. Da die westliche Grenze der Mitanni gleichzeitig von den Hethitern bedroht wird, ist dies der Anfang vom Ende des geschwächten Mitanni-Reiches. Einzig der Stadtfürst von Byblos, Ribaddi, hält noch treu zu Ägypten. Auch er erleidet am Ende das Schicksal anderer treuer Stadtfürsten und verliert dabei Thron und Leben.

Nach dem Tod seiner Mutter scheint Echnaton immer stärker unter den Einfluss seines Halbbruders Semenchkare zu geraten. Semenchkares Herkunft ist bisher ungeklärt. Er entstammt vermutlich aus der Verbindung Amenophis' III. mit einer seiner vielen Nebenfrauen. Auch der Einfluss Nofretetes auf ihren Gemahl beginnt in jener Zeit merklich zu schwinden. Sie wird in den folgenden Jahren auf keiner Inschrift mehr erwähnt. Einige Ägyptologen vermuten, dass sie in jenen Jahren verstarb. Die allgemeine Auffassung ist aber, dass Nofretete von Echnaton – aus welchen Gründen auch immer – in den Nordflügel des Amarna-Palastes verbannt wurde. Dagegen verheiratet Echnaton seine älteste Tochter Meritaton mit Semenchkare und er selbst – neben Nofretete war er mit der zwischenzeitlich verstorbenen Kija verheiratet, – nimmt Anchesenpaaton, seine drittälteste Tochter, zur Gemahlin.

In den letzten Jahren seiner Herrschaft, als Echnaton anscheinend einzusehen beginnt, dass die Aton-Verehrung und die damit verbundene passive Außenpolitik zu scheitern drohen, sucht er wieder den Dialog mit den Amun-Priestern von Theben. Trotz der Dekrete Echnatons, wurden die alten Götter des Landes außerhalb Achetatons in den Jahren des Sonnenkultes weiterhin verehrt. Aus dem 12. Regierungsjahr Echnatons ist die Niederschlagung eines Stammesaufstandes in Nubien bekannt, der vom Vizekönig von Kusch, Thutmosis, im Namen des Königs durchgeführt wird.

Echnaton lässt während seiner Amtszeit Grabanlagen für sich, seine Familie und die Würdenträger des Reiches in den Bergen Amarnas – etwa 10 Kilometer von der Stadt entfernt – anlegen. Im Gegensatz zu anderen Nekropolen Ägyptens liegen die Gräber Amarnas am östlichen Nilufer. Das Grab Echnatons und seiner Familie, 1881/82 von Einheimischen entdeckt, wurde zwar einst benutzt, was durch gefundene Gegenstände der Grabausstattung bewiesen werden konnte, war aber bei seiner Entdeckung leer. Reliefs auf denen der Sonnengott Aton dargestellt war, wurden vermutlich im Auftrag der nachfolgenden Pharaonen aus den Wänden gehackt. Die Mumien von Echnaton und die der übrigen Familienmitglieder sind bis heute unauffindbar geblieben – oder nicht identifiziert.

Nach dem Tod Echnatons übernimmt vermutlich dessen älteste Tochter Meritaton für kurze Zeit – weniger als 1 Jahr – die Regentschaft über das Reich. Nach ihrem frühen, plötzlichen, Tod wird ihr Gatte Semenchkare (reg. etwa 1335-1332 v. Chr.) Herrscher über Ägypten. In seiner ebenfalls kurzen Regierungszeit, von der wenig bekannt ist, beginnt er in Theben-West mit dem Bau seines Totentempels, der Amun geweiht ist. Damit versucht er die zaghafte Annäherung seines Vorgängers zu der Amun-Priesterschaft von Theben fortzusetzen.

Die beiden Mächtigen des Reiches, Eje und Haremhab, verheiraten

Echnatons Tochter und ehemalige Gemahlin Anchesenpaaton mit dem etwa 10-jährigen Tut-ench-Amun (reg. etwa 1332-1323 v. Chr.), und machen diesen zum Pharao. Das verwandtschaftliche Verhältnis Tut-ench-Amuns zur königlichen Familie konnte bis heute nicht einwandfrei geklärt werden. Man nimmt an, dass er entweder ein Sohn von einer der Schwestern Echnatons war oder der Sohn einer der Töchter Echnatons. Einige Ägyptologen vermuten, dass Tut-ench-Amun ein leiblicher Sohn Echnatons war – mit dessen Nebenfrau Kija –, die bei der Geburt des Kindes starb.

Unter dem Einfluss von Eje und Haremhab löst sich Tut-ench-Amun, der unter dem Namen Tut-ench-Aton zum Pharao gekrönt wurde, endgültig vom monotheistischen Aton-Glauben seines Vorgängers und kehrt zum alten Reichsgott Amun zurück. Auch seine Gemahlin ändert ihren Namen von Anchesenpaaton in Anchesenamun.

Tut-ench-Amun verlässt schon in seinem 3. Regierungsjahr Achetaton, und zieht, nach einem kurzen Aufenthalt in Theben, mit dem Königshof wieder in die nördliche Metropole. Dieser Umzug nach Memphis geschieht u. a. aus der außenpolitischen Erwägung heraus, dass von dort die abtrünnig gewordenen Ostprovinzen wieder eher unter ägyptische Kontrolle zu bringen sind. Diese Aufgabe wird von Haremhab übernommen, von dem während dieser Zeit einige Feldzüge bis in das heutige Syrien hinein bekannt sind. Religiöses Zentrum des Reiches bleibt aber nach wie vor Theben.

Obwohl Tut-ench-Amun wieder von Memphis aus regiert, wird er – ebenso wie die anderen Pharaonen der 18. Dynastie – in der königlichen Nekropole Thebens beigesetzt. Erst als der Engländer Howard Carter im November 1922 das nahezu unberührte Grab des Pharao im Tal der Könige entdeckt, wird dieser politisch unbedeutende jugendliche König zu einer weltweiten Berühmtheit. Die Mumie Tut-ench-Amuns ist die einzige bekannte ägyptische Königsmumie, welche sich noch in ihrem ursprünglichen Grab befindet. Im Herbst 2007 wurde sie aus ihrem Sarg geholt und der Öffentlichkeit vorgestellt. Seitdem können sich die Besucher am mumifizierten Antlitz des Königs ergötzen. Die märchenhafte Ausstattung (etwa 5000 Einzelstücke) des Grabes brachte man schon während den Ausgrabungen nach Kairo. Sie zählt heute zu den Sehenswürdigkeiten des an Attraktionen nicht gerade armen Ägyptischen Museums.

Die Stadt Atons und Echnatons, Achetaton (Tell-el-Amarna), wird in den folgenden Jahren endgültig aufgegeben. Einzig Nofretete mit ihrer Dienerschaft bleibt in der Stadt zurück. Das weitere Schicksal der ehemaligen Königsgemahlin verliert sich in den Wirren der Geschichte. Die Stadt Amarna – und mit ihr Nofretete – soll erst wieder in der Neuzeit Bedeutung erlangen. Die Ruinen der Stadt werden eine reichhaltige Fundstätte der Archäologen. Bereits 1891 beginnt der Engländer William Matthew Flinders Petrie mit seinen systematischen Ausgrabungen, die – unterbrochen durch den 1. Weltkrieg – von deutschen und britischen Archäologen bis 1937 fortgeführt werden.

Einer der bekanntesten Ausgräber jener Jahre ist der Berliner Ägyptologe und Architekt Ludwig Borchardt, der auch das Deutsche Archäologische Institut in Kairo gründete, dessen Leiter er bis 1929 war. Borchardt beginnt im November 1912 seine dritten Grabungsperiode in Amarna. Er hat das Gebiet der ehemaligen Hauptstadt Echnatons, welche von den Nachfolgern des Ketzerkönigs dem Erdboden gleichgemacht wurde, in Planquadrate eingeteilt. In einem dieser Quadrate – P 47 – stoßen die Arbeiter Borchardts auf eine Bildhauerwerkstatt. Es ist, wie sich später herausstellt, die Werkstatt des Bildhauers Thutmosis, einem der prominentesten Künstler der Amarna-Zeit. Im Geröll der Werkstatt finden die Ausgräber am Nikolaustag des Jahres 1912, neben anderen wertvollen Objekten – alle im so genannten Amarna-Stil hergestellt –, eine 50 Zentimeter hohe Büste der Nofretete. Das Kunstwerk ist, bis auf das fehlende linke Auge, vollständig erhalten. Laut Grabungskonzession, die der Berliner Kaufmann James Simon besitzt, da er die Ausgrabungen finanziert, werden die Grabungsfunde zwischen der, unter französischer Leitung stehenden, ägyptischen Altertümerverwaltung in Kairo und den Ausgräbern aufgeteilt. 1913 erhält James Simon die Ausfuhrgenehmigung für die Büste und anderen Funde aus Amarna. Diese werden nach Berlin gebracht und zunächst in Simons Villa aufgestellt. Hier werden sie auch von Kaiser Wilhelm II. besichtigt. 1920 wandelt Simon die Objekte aus der Amarna-Grabung an die Ägyptische Abteilung der königlich preußischen Kunstsammlungen in eine Schenkung an den Freistaat Preußen um.

Die Büste steht heute – nachdem sie während und nach dem 2. Weltkrieg an verschiedenen Orten Deutschlands zwischengelagert wurde – als eines der wichtigsten Exponate auf der Berliner Museumsinsel und wird in einem älteren Ausstellungskatalog wie folgt beschrieben:

„Das Porträt einer jungen, reifen Frau von begeisternder Schönheit: Die Königin Nofretete. Es ist das wohl bekannteste und berühmteste Kunstwerk Altägyptens – nicht zuletzt deswegen, weil das Bildnis dem Schönheitsideal unserer Zeit in jeder Hinsicht entspricht: ein makelloses ebenmäßiges Gesicht im perfekten Make-up der Brauenbögen, der Lidränder, der Lippen; schmalwangig mit attraktiv betonten Backen- und Kieferknochen unter frischer Haut; ein faltenloser, überlanger Hals. [...]"

Mit Tut-ench-Amun, der nach nur knapp 10-jähriger Regierungszeit stirbt (z. T. wird Unfall oder Ermordung vermutet), endet offiziell die 18. Dynastie, da der jugendliche König keine Nachkommen hinterlässt. Howard Carter fand zwar bei der Öffnung des Königsgrabes zwei kleine Särge vor, welche die mumifizierten Überreste von zwei Kindern erhielten, jedoch konnte bis heute nicht geklärt werden, ob es sich dabei um Kinder von Tut-ench-Amun handelt. 1932 wurden sie von dem britischen Pathologen Douglas Derry untersucht. Er erklärte, es handle sich um zwei Mädchen, von denen eines ein 5 Monate alter Fötus sei, und das andere ein nach etwa 7 Monaten tot geborenes Kind. Ein weiteres ungelöstes Rätsel der Ägyptologie.

Nach Tut-ench-Amuns Tod versucht die kinderlose Witwe des jungen Königs – Anchesenamun – die Regentschaft auszuüben. Um sich jedoch den Thron zu sichern, muss sie sich wieder standesgemäß verheiraten. So schreibt sie heimlich einen Brief an den Erzfeind der Ägypter, die Hethiter. Darin bittet sie den Hethiterkönig Schuppilulima um die Entsendung eines königlichen Prinzen, mit dem sie sich verheiraten möchte, da sie keinen ihrer Diener zum Gemahl nehmen möchte. Unterzeichnet ist die Botschaft mit *„Dachamunzu“*. Schuppilulima wittert zunächst eine Falle und schickt, um das ungewöhnliche Angebot der Königin zu prüfen, einen seiner Hofbeamten zur verwitweten Königsgemahlin. Anchesenamun gibt dem hethitischen Gesandten eine weitere dringliche Botschaft an seinen König mit, welche ebenfalls mit *„Dachamunzu“* unterzeichnet ist.

Keilschriftkopien dieser Schreiben wurden in der Kanzlei des ehemaligen hethitischen Königshofes gefunden. Da der Name der ägyptischen Absenderin – *„Dachamunzu“* bedeutet im akkadischen, der Diplomatensprache jener Zeit, „Königin“ – bisher nicht identifiziert werden konnte, wurde diese Begebenheit in früheren Jahren Nofretete zugeschrieben. Doch mittlerweile scheint man sich darüber einig, dass Anchesenamun die Verfasserin dieser Briefe war.

Schuppilulima entschließt sich dazu, einen seiner Söhne – Zannanza – nach Ägypten zu senden. Als der hethitische Prinz in Ägypten ankommt ist der Pharaonenthron jedoch bereits wieder besetzt und Zannanza wird gefangen genommen.

Bisher hatte man immer angenommen, dass Zannanza und sein Gefolge auf dem Weg nach Ägypten in der Wüste abgefangen und ermordet wurden, sie also Ägypten nie erreichten. Ein vor kurzem identifiziertes Keilschriftfragment aus der hethitischen Hauptstadt, das in einen der bereits vorhandenen Briefe eingepasst werden konnte, besagt jedoch, dass der Prinz Ägypten erreichte und bereits einen Thronfolger vorfand.

Die *„Dachamunzu“*-Affäre, die mit der vermutlichen Gefangenschaft seines Sohnes ein unrühmliches Ende nimmt, bietet Schuppilulima einen berechtigten Vorwand, militärisch gegen die ägyptischen Ostprovinzen vorzugehen. Die nun folgende kriegerische Auseinandersetzung zwischen den beiden Großmächten hat zur Folge, dass das geschwächte Ägypten auf Jahre hinaus seine Vorherrschaft in der palästinensisch-syrischen Region verliert.

Eje (reg. etwa 1323-1319 v. Chr.) hat inzwischen die Herrschaft über das Land am Nil übernommen. Gottesvater Eje, vormals die graue Eminenz unter Echnaton und Tut-ench-Amun, vermutlich ein Bruder der verstorbenen Königlichen Gemahlin Teje, legitimiert sich durch Einheirat in die königliche Familie für dieses Amt. Vorher schon mit Ti verheiratet, nimmt er Anchesenamun zur Gemahlin. Auch Eje, der schon unter Echnaton eine einflussreiche Stellung innehatte, und den monotheistischen Aton-Glauben des Herrschers mitgetragen hatte, arrangiert sich mit der wieder erstarkten Amun-Priesterschaft in Theben. Auf Grund seines hohen Alters regiert Eje nur 4 Jahre, ohne dem Land jedoch entscheidende Impulse zu geben. Ebenso wie einst Amenophis III. lässt sich Eje sein Grab im westlichen Seitenarm des Königstales anlegen. An den Wänden des Grabes sind unter anderem zwölf Affen dargestellt, welche die zwölf Stunden der Nacht symbolisieren. Diese gaben dem Grab den Namen „Grab der Affen" und dem Westtal den Namen *Wadi el Garud* (Tal der Affen).

Nach Eje setzt sich General Haremhab (reg. etwa 1319-1292 v. Chr.) die Kronen von Ober- und Unterägypten auf. Über seine Abstammung und Herkunft ist wenig bekannt. Seine enge Beziehung zum Horus-Kult lässt jedoch darauf schließen, dass er aus der Umgebung von Herakleopolis (Mittelägypten) stammt. Haremhab, der erst gegen Ende der Regierungszeit Echnatons vom Armeeschreiber bis in die höchsten Staatsämter aufsteigen konnte, wird unter Tut-ench-Amun zum „Generalissimus" und „Stellvertreter des Königs an der Spitze der Länder". Auch Haremhab heiratet, um seinen Thronanspruch zu legitimieren, in die königliche Familie ein. Diesmal ist es die schon 40-jährige Mut-Ned-Jemet, wahrscheinlich eine Schwester Nofretetes, welche er zur Gemahlin nimmt. Mut-Ned-Jemet ist also, wenn man der unsicheren Chronologie jener Zeit trauen darf, eine weitere Tochter Ejes. Sie verstirbt allerdings schon in den ersten Jahren der Regentschaft Haremhabs und findet in dem Beamtengrab ihres Gemahls in Sakkara ihre letzte Ruhestätte. Bis auf den Hinweis, dass seine erste Frau Amenia hieß, finden sich auch im Beamtengrab des späteren Herrschers keinerlei Hinweise auf seine Abstammung.

Seinen Thronanspruch lässt sich Haremhab überdies noch während des Opet-Festes in Theben vom Reichsgott Amun bestätigen. Die Priester Amuns sind nur allzu gern bereit Haremhab zu unterstützen, erhoffen sie sich doch von ihm, ihre Vormachtstellung und Privilegien im Reich zurück zu erlangen.

Nach den schwachen Herrschern – dem Ketzerpharao Echnaton, dessen Tochter Meritaton, sowie deren kurzlebigen Nachfolger Semenchkare, dem Kindkönig Tut-ench-Amun und dem greisen Eje – ist das Land im Inneren zerrüttet – so steht es zumindest in zeitgenössischen Texten – und die einstigen vorderasiatischen Provinzen stehen unter hethitischem Einfluss. Haremhab reformiert das Beamtenwesen und setzt viele Amtsträger, die ihre Anstellung noch unter Echnaton erhielten, ab. Er besetzt die zivilen und militärischen Schlüsselpositionen des Landes mit Männern seines Vertrauens. Meist sind es bewährte Offiziere, die ihm schon während seiner Feldzüge in den Ostprovinzen zur Seite standen. Haremhab führt tiefgreifende Verwaltungsreformen durch und erlässt neue – strenge – Gesetze, um Korruption und Amtsmissbrauch in der Verwaltung zu bekämpfen, die unter seinen schwachen Vorgängern überhandgenommen hatten. Mit dem neuen König der Hethiter – Mursili II. – schließt der Pharao einen Friedensvertrag um die Ostgrenze des Reiches zu sichern. In den Grenzgebieten entstehen neue Festungsbauten, bereits vorhandene werden erneuert und mit ägyptischem Militär besetzt.

Die Amun-Priester von Theben erlangen, wie erhofft, unter Haremhab ihre alte Vormachtstellung zurück. Haremhab lässt als erster Pharao nach langer Zeit wieder in größerem Umfang am Karnak-Tempel bauen. So errichtet er den zweiten, neunten und zehnten Pylon. Statuen und Bauten des Ketzerkönigs Echnaton und dessen Nachfolger lässt Haremhab entweder zerstören oder vereinnahmt sie, indem er deren Namenskartuschen herausschlagen und mit seinen eigenen versehen lässt. So verwendet er im Karnak-Tempel die Steine aus dem Aton-Tempel Echnatons als Füllmaterial beim Bau seiner eigenen Pylone. Diesem glücklichen Umstand ist es zu verdanken, dass große Teile der Reliefs des Sonnentempels bis heute nahezu unversehrt erhalten geblieben sind, die von Ray Winfield Smith wieder zusammengesetzt werden konnten.

Das Beamtengrab Haremhabs, es liegt auf einem Geländestück südlich des Aufweges zur Unas-Pyramide in Sakkara, wurde bereits im 19. Jahrhundert von der Preußischen Ägyptenexpedition entdeckt, die Blöcke und Statuen daraus entfernten. Danach galt es lange Zeit in Vergessenheit, bis es am 14. Januar 1975 von einer englisch-niederländischen Expedition wieder entdeckt wurde. An der Dekoration seines Grabes wurde nachweislich noch gearbeitet als Haremhab bereits die Königswürde erlangt hatte. Das lässt darauf schließen, dass Haremhabs Regentschaft in den ersten Jahren – trotz aller Absicherungen – nicht unangreifbar war. Sein königliches Grab im Tal der Könige, in dem er auch bestattet wurde, blieb ebenfalls unvollendet.

Jetzt wieder zurück zum Großvater Rames' II. Da die kurze Ehe Haremhabs mit Mut-Ned-Jemet kinderlos bleibt, bestimmt dieser schon zu Lebzeiten seinen Stellvertreter und Vizekönig Pa-Ramses zu seinem Nachfolger. Pa-Ramses durchläuft seine militärische Karriere Seite an Seite mit dem Pharao Haremhab. So steigt er binnen kurzer Zeit vom Truppen- und Festungskommandanten zum Generalstabsoffizier auf. Später wird er Gesandter des Königs und Vorsteher der Streitwagentruppen. Daneben bekleidet er wichtige zivile Ämter und wird zum Bauleiter Haremhabs für dessen Bauten im Karnak-Tempel berufen. Schließlich wird er Wesir des Landes und später zum designierten Nachfolger Haremhabs ernannt. Mit dem Tod des Soldatenpharao Haremhab geht die 18. Dynastie endgültig zu Ende und Pa-Ramses kann um 1292 v. Chr. den ägyptischen Thron besteigen. Dabei lässt er das „Pa" vor seinem Namen weg, da die Vorsilbe auf seine bürgerliche Herkunft hinweist, und nennt sich nur noch Ramses.

Ramses I. hatte sich als Wesir in Gurob – am Eingang des Faijum – eine Grabanlage bauen lassen. In diese wurde eine Familienangehörige bestattet. Als König beginnt er mit dem Bau einer neuen Grabanlage im Tal der Könige. Diese ist jedoch nicht fertiggestellt, als der Pharao stirbt. So wird die Mumie in einer als Grabkammer hergerichteten Vorkammer beigesetzt. Der Mumie des Königs widerfährt später eine wahre Odyssee. Bereits in der 21. Dynastie wird sie in das Grab von Sethos I. gebracht. Später erfolgt eine weitere Umbettung in die berühmte *Royal Cachette* von Deir-el-Bahari. Nach deren Entdeckung verkaufen die Abd el-Rasuls die Mumie an einen Amerikaner. Im Jahr 1870 taucht sie im Niagara Fall Museum auf und bleibt dort bis 1999, dem Verkauf an das Michael C. Carlos Museum in Atlanta/USA. Der deutsche Archäologe Arne Eggebrecht identifiziert die Mumie bereits 1980 als die des ägyptischen Pharao. Am 9. März 2004 findet sie ihre (vorläufig) letzte Ruhestätte im Luxor-Museum, zusammen mit der des Ahmose, dem Begründer der 18. Dynastie.

Als Nachfolger des Haremhab sitzt also der Großvater Ramses' II. auf dem ägyptischen Thron und begründet als Ramses I. mit einer Regierungszeit von nur knapp 2 Jahren die 19. Dynastie.

Allgemein nimmt man an, dass Haremhab bei der Ernennung seines Nachfolgers bereits dessen Sohn – Sethos – im Auge hatte, da Ramses I. – mit seinen nahezu 70 Jahren – schon zu alt war, um die Politik seines Vorgängers kontinuierlich fortzuführen.

1. Die 18. Dynastie geht eigentlich schon mit Tut-ench-Amun zu Ende. Eje und Haremhab gehören weder der 18., noch der 19. Dynastie an. Sie haben den Thron jeweils okkupiert. Ramses I., der Großvater Ramses' II. und Begründer der 19. Dynastie, besteigt den Thron zwar als legitimer Nachfolger Haremhabs, ist aber mit diesem weder verwandt noch verschwägert. Ramses I. entstammt einer Soldatenfamilie, die ursprünglich in der im Ostdelta gelegenen Stadt Avaris ansässig war.

2. Kapitel:
Der Barbarossa vom Nil

Um das Jahr 1871 soll angeblich eine Ziege in eine Felsspalte gefallen sein. Beim Versuch, diese zu retten, fand der Ägypter Ahmed Abd el-Rasul aus dem Dörfchen Schech Abd el-Gurna ein bisher unbekanntes Grab in den westlichen Bergen Thebens. Es liegt an einer fast unzugänglichen Stelle in der Nähe des Terrassentempels der Königin Hatschepsut bei Deir-el-Bahari. Ahmed findet dort neben den aufgestapelten Särgen u. a. unzählige Uschebtis, Götterstatuen, Skarabäen und sonstige wertvolle Grabbeigaben, die den verstorbenen Pharaonen einst mit in ihre Gräber gegeben wurden. Seine Entdeckung verrät Ahmed jedoch nur der eigenen Familie. Der Familienclan der Rasuls holt sich von Zeit zu Zeit Gegenstände aus dem Grab und verhökert diese an kaufkräftige, vor allem ausländische, Sammler – so vermutlich auch die Ramses I. zugeordnete Mumie. Damit finanzieren sich die Rasuls ihren Lebensunterhalt. In den folgenden Jahren tauchen immer mehr dieser Grabbeigaben im internationalen Kunsthandel auf und wecken damit das Interesse des französischen Ägyptologen Gaston Maspero, der die ägyptische Altertümerverwaltung in Kairo leitet. Maspero vermutet zunächst, da die aufgetauchten Grabbeigaben aus verschiedenen Epochen des Neuen Reichs stammen, dass in der Gegend von Luxor mehrere unbekannte Gräber entdeckt wurden.

Maspero reist 1881 – 10 Jahre nach der Entdeckung des Verstecks – nach Luxor, um direkt vor Ort zu ermitteln. Nach den ersten Nachforschungen fällt sein Verdacht sofort auf die Familie der Rasuls. Ahmed Abd el-Rasul wird darauf hin verhaftet und verhört. Er muss schließlich wieder freigelassen werden, da man ihm nichts nachweisen kann. Nach Masperos Abreise werden die Brüder erneut verhaftet und von der örtlichen Polizei nach Kena gebracht. Dort nimmt sie der zuständige Provinzgouverneur ins Verhör. Doch auch unter der Bastonade, die man bei den Verhören anwendet, sind die Rasul-Brüder zu keinem Geständnis bereit. Nach zweimonatiger Haft – Hussein trägt durch Folter eine Verkrüppelung davon – muss man die Brüder erneut freilassen. Maspero ist inzwischen wegen wichtiger Amtsgeschäfte nach Europa gereist und hat die Aufgaben in Ägypten für diese Zeit seinem Stellvertreter, dem Deutschen Emil Brugsch, übertragen.

Nach einem Familienstreit, bei dem es um die Verteilung der Schätze geht, stellt sich einer der Rasul-Brüder – Mohammed – den Behörden, und legt ein umfassendes Geständnis ab. Später erhält die Familie der Rasuls von der Altertümerverwaltung sogar noch 500 Pfund Belohnung und Mohammed einen Posten als Oberaufseher im Tal der Könige.

Schon wenige Tage nach dem Geständnis kommt eine offizielle Kommission aus Kairo unter der Leitung von Emil Brugsch in Luxor an. Sie wird von Mohammed Abd el-Rasul zu diesem versteckten Schacht geführt. Es ist ein heißer Julitag, als man in einen, 12 Meter tiefen, fast senkrechten, Schacht einsteigt. Schon kurz hinter dem Eingang stößt man auf vier Mumiensärge und verschiedene Grabbeigaben. Auf einem der Särge entziffert Brugsch die Kartuschen von Sethos I., auf einem anderen die Aufschrift der Königin Inhapi. An einer Biegung des Ganges findet Brugsch, der von seinem ägyptischen Kollegen Achmed Kamal begleitet wird, einen Eingeweidekrug. Den langen Weg des horizontalen Korridors, der dann folgt, kann man teilweise nur kriechend zurücklegen. Auf ihm stoßen die beiden auf fünf Mumien, einen Kindersarg und weitere kleinere Grabbeigaben. Dann macht der Korridor einen Bogen „.... *und wir erblicken Mumiensärge in bisher nicht gekannter Zahl. Als sich meine Verblüffung gelegt hatte, machte ich mich an die Untersuchung, so gut das im Flackerschein meiner Fackel möglich war. Diese Särge enthielten die Mumien von königlichen Männern und Frauen.“* Brugsch erkennt auf Grund der Inschriften die Särge von Ramses I., Ramses II. Weitere bekannte Pharaonen der 18. Dynastie, wie Ahmose, Amenophis I., Thutmosis I., Thutmosis II., Thutmosis III. sowie einige Herrscher der 20. und 21. Dynastie liegen hier aufgebahrt vor ihm. Brugsch überfällt, trotz der unerträglichen Hitze, die in dem Gang herrscht, ein Frösteln, als er die Särge der bekanntesten Herrscher der altägyptischen Geschichte vor sich sieht. Er eilt zum Eingang zurück. Erst eine halbe

Stunde später, nachdem er sich ausreichend erholt hat, kehrt er wieder in den Gang zurück. Der Korridor ist jedoch noch längst nicht zu Ende. Am Ende des etwa 70 Meter langen Ganges stößt Brugsch mit seinem Assistenten Kemal auf die Hauptkammer des Grabes. Dort finden sie Ramses IX. inmitten einiger seiner Hofdamen vor. In dieser Kammer hatten die Rasuls bereits gewütet, wie Brugsch an dem heillosen Durcheinander unschwer erkennen kann. Nach zwei Stunden intensiver Arbeit haben die beiden Ägyptologen ihre erste, oberflächliche, Untersuchung beendet und kehren wieder ans Tageslicht zurück. In der Cachette und einem Zwischenlager, welches die Familie Abd el-Rasul angelegt hatte, wurden 40 Sarkophage und etwa 6000 weitere Fundstücke sichergestellt.

Ramses II., Luxor-Tempel

Die Kommission beeilt sich nun, die Fundstätte so schnell wie möglich zu räumen, da in der Bevölkerung bereits das Gerücht von einem sagenhaften Goldschatz kursiert. Innerhalb von 48 Stunden wird mit Hilfe eines Flaschenzuges und 300 Helfern das Grab ausgeräumt.

Beim Transport zum Nilufer hinab müssen die Mumiensärge in größter Julihitze von ihrem Versteck aus, über unwegsames Gelände, bis an den Fluss getragen werden. Einzelne Särge sind so schwer, dass teilweise zwölf bis sechzehn Männer benötigt werden, sie fortzubewegen. Für wenige Tage werden die Grabfunde zwischengelagert, da man noch auf das Schiff wartet, welches für die Überführung der Särge und Grabbeigaben nach Kairo kurzfristig gechartert wurde.

Als drei Tage später das beladene Schiff in Luxor ablegt und mit den Särgen der Pharaonen flussabwärts fährt, berichten Beteiligte, *„dass die Männer der anliegenden Dörfer, wie bei einem Begräbnis, ihre Gewehre abfeuerten, während die Frauen am Ufer folgten, ihre Haare zerraufend und jene schrillen, zitternden Schreie der Totenklage ausstoßend, die ohne Zweifel aus den Tagen der Pharaonen selbst auf uns gekommen sind"*. Mag die Trauer der Einheimischen über den Abtransport „ihrer" Pharaonen groß gewesen sein, so trauerten sie bestimmt auch über den Verlust einer lukrativen Erwerbsquelle.

Das Versteck, welches im Sommer des Jahres 1881 – zehn Jahre nach seiner eigentlichen Entdeckung – von Emil Brugsch ausgeräumt wurde, wird als *Royal Cachette* bezeichnet. Aus den Aufzeichnungen, welche die Amun-Priester hinterließen, geht hervor, dass das Grab, zu Beginn der 18. Dynastie, für die Gemahlin des Reichseinigers Ahmose – Inhapi – angelegt wurde. Während der 21. Dynastie (um 1000 v. Chr.) wurde es erweitert und diente zunächst als Grab für die Gemahlin von Pinodjem II. Aufschriften auf den Särgen der geborgenen Pharaonen berichten, dass Pinodjem II. – 5 Jahre nach dem Tod seiner Gemahlin – ebenfalls dort beigesetzt werden soll. Drei Tage vor dem Begräbnis Pinodjems beschließen die Amun-Priester von Theben, die Mumien einiger ihrer Pharaonen aus den Gräbern im Tal der Könige zu holen, und ebenfalls in der

Grabanlage der Königin beizusetzen. Die Umbettung der Mumien erfolgt heimlich und ausschließlich nachts. Die Königsmumien sind den Priestern in ihren ursprünglichen Gräbern im Tal der Könige nicht mehr sicher genug, da das Grabräuberwesen in der unruhigen Zeit der 21. Dynastie stark zugenommen hat.

Im Ägyptischen Museum von Kairo findet man erst 5 Jahre nach Räumung der *Royal Cachette* Zeit, die Mumien zu untersuchen. Begonnen wird am 1. Juni 1886 morgens um 9 Uhr mit dem bekanntesten der Pharaonen, Ramses II. Gaston Maspero, der die Untersuchung leitet, übersetzt den anwesenden Wissenschaftlern und Honoratioren, die zu dieser ersten Untersuchung eingeladen wurden, die mehrzeilige hieratische Inschrift, die einst von den Priestern der 21. Dynastie mit Tinte auf den Holzsarg geschrieben wurde. Der Text, der direkt unter den – ebenfalls mit Tinte – aufgemalten Königskartuschen steht, schildert, dass die Mumien Ramses' II. und die der anderen Pharaonen von den Priestern aus dem Grab Sethos' I. geholt und in das Grab der Inhapi gebracht wurden. Die Inschrift berichtet außerdem, dass die Umbettung im 10. Regierungsjahr des Königs Siamun (reg. 978-959 v. Chr.) geschah, also um 968 v. Chr. Nachdem Maspero die Mumie Ramses' II. anhand der Inschriften identifiziert hat, löst er die Leinenbandagen, welche um die Brust des Königs gewickelt waren. Hier kommt eine weitere Inschrift zum Vorschein. Sie bestätigt, dass es sich tatsächlich um Ramses II. handelt. Jetzt erst beginnt man damit, die Mumie vollständig von ihren Bandagen zu befreien. In nur fünfzehn Minuten wird er ausgewickelt! Das heißt, er wird regelrecht aus den verharzten Mumienbinden herausgeschnitten. Im Gegensatz zu vielen anderen Mumien, die man bis dahin gefunden hatte, ist die von Ramses II. noch gut erhalten. Wegen des unerträglichen Geruchs, der der Mumie entströmt, lagert man den König für einige Monate unter dem Magazin des Museums. Nach einer kurzen Pause beginnt Maspero die nächste Mumie von ihren Binden zu befreien. Der Sargaufschrift nach muss es sich bei der Mumie um die der Königin Ahmes-Nefertari handeln, aber zur Verwunderung Masperos kommt beim Auswickeln die

Mumie Ramses' III. zum Vorschein.

Zu Anfang des 20. Jahrhunderts werden die königlichen Mumien vom australischen Anatomen und Anthropologen Sir Grafton Elliot Smith fotografiert. Er fotografiert die Toten nicht nur in allen Einzelheiten, sondern führt auch wissenschaftliche Untersuchungen an ihnen durch. Seine Ergebnisse veröffentlicht Smith 1912 im *„Catalogue of the Royal Mummies in the Museum of Cairo".* Dabei meint er, an Schädel- und Gesichtsformen von Ramses II. *„viele fremde [asiatische] Züge, merkwürdig vermischt mit ägyptischen Merkmalen"* erkennen zu können. Diese Züge entdeckt er auch an den Mumien von Sethos I. und Merenptah. Alle drei erscheinen Smith weniger ägyptisch als ihre Vorgänger aus der 18. Dynastie. Er verzichtet bei seinen Untersuchungen an Ramses II. auf chirurgische Instrumente, *„um das Innere der Mumien nicht zu beschädigen, die von einer harzigen Schale umschlossen waren",* wie er sich in seinem Bericht ausdrückt. Man weiß durch Smith's Untersuchungen, dass Ramses II. Mitesser hatte und die Gesichtshaut des Königs bei der Einbalsamierung gestrafft wurde. Zu Lebzeiten hatte der Pharao Ohrringe getragen, wie die Löcher in den Ohrläppchen der Mumie bewiesen. Am Kinn des Herrschers waren sogar noch vereinzelte Barthaare zu erkennen. Einer der Assistenten Smiths schildert einen spektakulären Vorfall, der sich während der Untersuchung Ramses' II. ereignete: *„Als Smith die Bandagen löste, zogen sich die lange komprimierten Muskelfasern des königlichen Arms plötzlich zusammen. Die Wissenschaftler, die sich um den Leichnam versammelt hatten, wichen entsetzt zurück, als der tote König scheinbar aus seinem endlosen Schlaf erwachte und unerwartet die Hand bewegte, gerade so als wolle er den Menschen um ihn herum einen letzten Befehl erteilen".* Smith ist es auch, der 1903 bei der Untersuchung von Thutmosis IV. erstmals Röntgen-Strahlen anwendet. Diese neuartige Untersuchungstechnik war 8 Jahre zuvor von dem deutschen Physiker Wilhelm Conrad Röntgen entdeckt worden.

Aber erst 1965 beginnt man damit, unter der Leitung von James E. Harris, sämtliche Königsmumien aus dem Kairoer Museum zu röntgen. Aus konservatorischen Gründen muss die Arbeit mit einem transportablen Röntgengerät im Museum durchgeführt werden. Die Mumien verbleiben dabei in ihren Schaukästen. Anhand der Röntgenbilder können die Wissenschaftler die vor einem halben Jahrhundert gemachten Untersuchungsergebnisse Smiths größtenteils bestätigen. Sie dokumentieren aber auch, dass sich Smith bei seinen Untersuchungen in einigen Fällen geirrt hatte. So hatte Smith für Thutmosis III. eine Körpergröße von nur 161,5 Zentimeter angegeben. Die Röntgenbilder von Harris zeigen jedoch, dass die Füße der Mumie abgebrochen sind, und der Pharao zu Lebzeiten etwa 171 Zentimeter groß gewesen sein muss. Die geringe Körpergröße, die Smith einst für den Soldatenpharao ermittelte, hat u. a. mit dazu beigetragen, dass Thutmosis III. häufig als Napoleon Altägyptens bezeichnet wurde. (Napoleon war übrigens mit 168,5 Zentimeter nicht viel kleiner als seine Zeitgenossen.)

Am 26. September 1976, gegen 17.00 Uhr, landet auf dem französischen Militärflughafen von Le Bourget – nahe Paris – eine aus Kairo kommende Transall-Maschine. Es ist der gleiche Flughafen, auf dem, fast 50 Jahre zuvor, Charles Lindbergh nach seiner spektakulären Atlantiküberquerung landete. An Bord des Flugzeuges befindet sich ein hoher Staatsgast: Ramses II., König von Ägypten. Bevor der Pharao aus Ägypten aus- und in Frankreich einreisen kann, wird ihm vom ägyptischen Außenministerium – so viel Bürokratie muss sein – ein Reisepass mit dem Vermerk „*king (deceased)*", „verstorbener König" ausgestellt. Ramses II., wird mit Salutschüssen der Garde républicaine begrüßt. Als Vertreter der französischen und der ägyptischen Regierung sind – neben einem vielköpfigen Team von Wissenschaftlern – die französische Ministerin für Unterricht, Madame Alice Saunier-Seïté, und der ägyptische Botschafter in Frankreich, Hafez Ismail, angetreten, um den Staatsgast angemessen zu empfangen. Ramses II. liegt in einem neuzeitlichen Eichensarg dessen Inneres mit Seidenpapier, Baumwolle und Schaumstoff gepolstert ist, um den Körper vor Erschütterungen während des Transports zu schützen. Der Sarg wiederum ist in eine massive neuzeitliche Holzkiste eingebettet, auf der die handgeschriebenen Worte *haut* und *bas* – „oben" und „unten" – zu lesen sind.

Grund für diesen ungewöhnlichen Staatsbesuch des ehemaligen ägyptischen Herrschers ist der schlechte Zustand der königlichen Mumie. Ägyptischen und französischen Wissenschaftlern war während einer Untersuchung Anfang der siebziger Jahre aufgefallen, dass ein Netz von Rissen die harzige Hülle der Mumie durchzog. Vor allem ein über 30 Zentimeter langer Riss von Hüfte zu Hüfte machte den Wissenschaftlern Sorge. Beim Öffnen des Glaskastens schlug ihnen zudem noch ein unerträglicher Gestank entgegen, der sie vermuten ließ, dass sich in und auf der Mumie Bakterien vermehrten. Nach langwierigen Verhandlungen, bei denen auch die Staatspräsidenten beider Länder eingebunden waren, kam man schließlich überein, die Mumie für eine gründliche Untersuchung und Restauration nach Paris zu bringen. Bei seiner Abfahrt vom Kairoer Museum zum Flughafen wurde Ramses II. von einer eigens für ihn abgestellten Leibgarde eskortiert. Zufall oder Absicht – der kommandierende Offizier des ägyptischen Begleitkommandos in Kairo hieß ebenfalls Ramses!

In Paris angekommen, wird Ramses II. in den dritten Stock des Musée l'Homme gebracht, wo man unter der Leitung von Professor Lionel Balout eigens zwei Laborräume für den Pharao eingerichtet hat. Einer der Räume ist als „Schlafzimmer" für Ramses II. gedacht, der andere dient als Untersuchungsraum. Die beiden Räumlichkeiten sind mit Klimaanlagen ausgestattet, um die Raumtemperatur konstant bei 19,5° C und die Luftfeuchtigkeit zwischen 55 % und 60 % zu halten. Damit soll ein weiteres Pilzwachstum an der Mumie verhindert werden. An den Fensterscheiben der Räume wird zudem eine UV-undurchlässige Folie angebracht, welche die schädliche Sonneneinstrahlung verhindern soll. Die Wissenschaftler wagen es nicht, die Mumie des Königs hochzuheben. Stattdessen sägen sie das Fußende des Eichensarges ab, nehmen das Leinentuch auf dem Ramses ruht, und lassen dieses mit der Mumie auf eine Platte aus Plexiglas gleiten. Die Glasplatte ist so zugeschnitten, dass sie genau in den Sarg passt. So können die Wissenschaftler den Pharao problemlos auf den Operationstisch und wieder zurück in den Sarg befördern ohne die Mumie bewegen zu müssen. Keine ägyptische Mumie wurde bis dahin so gründlich untersucht, wie die von Ramses II. Über 100 Experten unterschiedlichster Fachrichtungen arbeiten in den folgenden 8 Monaten am Projekt „Ramses".

Die Wissenschaftler dürfen bei ihren Untersuchungen dem Inneren der Mumie keine Gewebeproben entnehmen. Sie müssen sich mit dem Material begnügen, welches lose auf der Mumie, oder um sie herum liegt. Dabei ist das Leinentuch, auf dem der Pharao ruht, eine besonders wichtige Informationsquelle. Auf ihm identifiziert man etwa 60 Arten von Pilzen. Als die Wissenschaftler später das Innere der losen Bauchdecke untersuchen, treffen sie auf weitere Pilzkolonien. Insgesamt zählt man 370 Kolonien und 89 Arten von Pilzen. In den Haaren der königlichen Mumie findet man zudem Sandkörner, deren Herkunft man durch mikroskopische Untersuchungen bestimmen kann. Die Sandkörner stammen aus der Wüste und einer Meeresgegend. Das scheint ein sicheres Indiz dafür zu sein, dass Ramses II. in Unterägypten einbalsamiert wurde. Da man zusätzlich noch Pollen von Getreidepflanzen, jedoch keinerlei Spuren von Wasserpflanzen an der Mumie entdeckt, deutet vieles darauf hin, dass die Mumifizierung des Königs abseits des Nils stattfand.

Mit Hilfe der Xeroradiographie und der Chromodensitographie wird Ramses gründlich unter die Lupe genommen. So entdeckt man auf Aufnahmen, die vom Kopf des Königs gemacht wurden, eine Verhärtung der Kopfschlagader, was auf Arteriosklerose schließen lässt. Die Aufnahmen zeigen auch, dass der erste Backenzahn unten rechts fehlt und der Kiefer mit Geschwüren behaftet war. Winzige, perlenartige Objekte füllen zudem die Nasenhöhle aus. Wie sich später herausstellt, handelt es sich dabei um Pfefferkörner, die dem Pharao vor über 3000 Jahren von seinen Einbalsamierern in die Nase gesteckt wurden, um so deren markante Form zu erhalten. Ein Xeroradiogramm vom Brustkasten der Königsmumie zeigt eine deutliche Krümmung des Rückgrats, die vermutlich auf eine schmerzhafte Hüft- und Wirbelsäulenarthritis zurückzuführen ist, die bei ihm zu einer Buckelbildung führte.

Ramses II. dürfte deshalb in seinen letzten Lebensjahren nur noch gebückt und am Stock gegangen sein. Er war vermutlich kaum noch in der

Lage, seinen Kopf zu heben. Bei der Mumifizierung mussten daher die Einbalsamierer dem buckligen Pharao den Rücken und mehrere Halswirbel brechen. Nur so konnte der Kopf im Sarkophag gerade ausgerichtet werden.

Im Untersuchungsbericht, der 1985 veröffentlicht wurde, ist unter anderem noch zu lesen, dass der König etwa 85 Jahre alt wurde. Nach den historischen Fakten ging man bisher immer davon aus, dass Ramses II. im Alter von etwa neunzig Jahren verstorben war. Die Todesursache scheint eine durch die Zahnabszesse hervorgerufene Blutvergiftung gewesen zu sein. Die Körpergröße Ramses' II. betrug zu Lebzeiten etwa 175 Zentimeter, ein wahrer Riese gegenüber seinen Zeitgenossen.

Die eigentliche Sensation der 8-monatigen Untersuchung tritt jedoch zutage, als man die Kopfbehaarung des Königs analysiert. Schon Maspero hatte seinerzeit darauf hingewiesen, dass das weiße Haar der königlichen Mumie mit Henna rot eingefärbt war. Jetzt stellt sich heraus, dass die Haare im Nackenbereich des Herrschers eine natürliche rote Haarfarbe besaßen. Es ist allgemein bekannt, dass während des Alterungsprozesses die Haare im Nackenbereich ihre Farbe als letztes verlieren. Zahlreiche Experten, darunter Techniker und Ärzte eines gerichtsmedizinischen Instituts sowie das Labor der Kosmetikfirma L'Oréal, konnten das nur bestätigen: Ramses II. war mit an Sicherheit grenzender Wahrscheinlichkeit von Natur aus rothaarig.

Zum Abschluss der Untersuchungen erfolgt eine Beseitigung der Schäden, welche die Mumie im Laufe der letzten Jahrzehnte erlitten hatte. So werden die Bandagen geflickt und gereinigt und die Risse an den Hüften geschlossen. Auch der Zedernholz-Sarg, in welchem der König 1881 in der *Royal Cachette* gefunden wurde, wird von den Franzosen restauriert. Dabei bleibt festzuhalten, dass der Sarg bereits gegen Ende 18. Dynastie angefertigt wurde. Der Sarg, an dem der ursprüngliche Goldüberzug fehlt, war einst für den Großvater Ramses' II. – Ramses I – gedacht. Die geraubten Königsinsignien auf dem Sargdeckel, Krummstab und Geißel – ursprünglich vermutlich aus Gold und Elektron gefertigt –, wurden von den Amun-Priestern der 21. Dynastie durch Imitationen aus Palmholz ersetzt.

Der Louvre stellt den Wissenschaftlern aus seinem Fundus ein Leinentuch zur Verfügung, in welches Ramses II. abschließend gehüllt wird. Die Wissenschaftler legen die Mumie des Königs wieder in ihren Sarg zurück. In diesem wird sie zu einem kerntechnischen Institut gebracht. Dort wird die Mumie mit Kobalt-60-Gamma-Strahlen beschossen, welche die noch vorhandenen Pilze abtöten sollen. Danach kann Ramses II. per Flugzeug am 10. Mai 1977 wieder nach Kairo zurückkehren.

Noch eine kleine Episode am Rande: Im November 2006 wurde im Internet ein Haarbüschel Ramses' II. für mindestens 2000 Euro zur Versteigerung angeboten. Die Behörden ermittelten als Anbieter einen französischen Briefträger, dessen Vater einer der Wissenschaftler von 1976 war. Die Haarlocke, deren Diebstahl erst 30 Jahre später durch das Internet-Angebot bekannt wurde, ist ebenfalls ins Kairoer Museum zurückgekehrt.

Vielleicht wird Ramses II. in den nächsten Jahren noch einmal untersucht. Auf Grund der neuesten medizinischen Untersuchungsmethoden – z. B. Gentechnik (DNA-Analyse) und Computertomographie (CT) – wird man dabei eventuell neue – aufschlussreiche – Details über den Verstorbenen herausfinden.

Zurzeit bereitet die DNA-Analyse den Wissenschaftlern jedoch noch einige Schwierigkeiten, da DNA im Mumiengewebe nur in Bruchstücken erhalten geblieben ist. Zudem sind die Mumien seit ihrer Entdeckung immer wieder mit den verschiedensten Chemikalien behandelt worden, welche eine einwandfreie Analyse ebenfalls sehr schwierig machen. Auch Verunreinigungen durch Pilze, Mikrobakterien oder Fremd-DNA können das Ergebnis verfälschen. Durch zukünftige Untersuchungen erhofft man sich, dass man dann die bisher unsicheren verwandtschaftlichen Verhältnisse der Pharaonen auf Grund ihres genetischen Fingerabdrucks eindeutig bestimmen kann.

2. Die Mumie Ramses' II. wird 1881 in einem Sammelversteck – der *Royal Cachette* – gefunden. Sie wurde – im Gegensatz zu anderen Pharaonen – anhand der Beschriftungen 1886 eindeutig als die des Königs identifiziert. Auch moderne Untersuchungsmethoden bestätigen seine Identität. Ramses II. war 175 Zentimeter groß und wurde 85 bis 90 Jahre alt. Er starb vermutlich an den Folgen einer Blutvergiftung. Ramses II. hatte rote Haare.

3. Kapitel:
Monumente für die Ewigkeit

Es ist eigentlich müßig, die Bauwerke Ramses' II. vorzustellen. Kommt man als Besucher nach Ägypten, wird man von ihnen regelrecht erschlagen. Es ist einfach unmöglich, ihnen zu entgehen. Von der Küste des Mittelmeeres bis hinunter ins ferne Nubien, von der libyschen Wüste bis in das heutige Syrien – kaum ein Ort, an dem dieser Pharao nicht seine Spuren hinterlassen hat. Beschränken wir uns hier nur auf die wichtigsten und stellen diese kurz vor. Fangen wir im Süden an und folgen dann der Lebensader Ägyptens – dem Nil – flussabwärts.

Von den Tempelanlagen, welche Ramses II. einst in Nubien errichtete, sind die bekanntesten wohl die Tempel von Abu Simbel. „Scheich Ibrahim", mit bürgerlichem Namen Johann Ludwig Burckhardt, ein Schweizer Kaufmannssohn, entdeckt die beiden Tempel von Abu Simbel auf seiner Reise durch Nubien am 22. März 1813 mehr oder weniger zufällig. Burckhardt, der ein Jahr zuvor bereits die vergessene Nabatäerstadt Petra in Jordanien wieder entdeckte, kann die Tempel von Abu Simbel jedoch nicht betreten, da der Eingang teilweise von über 10 Meter hohen Sand- und Geröllhalden verschüttet ist. Von den vier Kolossalstatuen, die das Eingangsportal des Großen Tempels beherrschen, ragen nur noch Teile der Oberkörper mit den drei! Köpfen hervor, so dass Burckhardt nicht erkennen kann, ob sich die Statuen in sitzender oder stehender Stellung befinden.

Nach der Entdeckung der Tempel von Abu Simbel zieht es Burckhardt weiter in den Süden. Vom 3. Nilkatarakt aus durchquert er Nubien bis zum Roten Meer und kommt, als Pilger verkleidet, bis nach Mekka. Erst 1815 kehrt er – völlig entkräftet von der strapaziösen Reise – nach Kairo zurück, wo er seine Reiseaufzeichnungen bearbeitet. Von Kairo aus plant er sogleich eine neue Expedition, die ihn in den nächsten Jahren in das Innere Afrikas führen soll. Zusammen mit dem englischen Konsul Henry Salt bereitet er zudem noch die Bergung des Memnonkopfes vor, der ihm bei seiner Durchreise am Westufer Thebens ins Auge gefallen war.

Da Johann Ludwig Burckhardt nach seiner Rückkehr anderweitig beschäftigt ist, gelingt es Henry Salt, den Italiener Giovanni Battista Belzoni (1778-1823) dafür zu gewinnen, die verschütteten Eingänge der Tempel von Abu Simbel von ihren Sand- und Geröllhalden zu befreien. Als sich Giovanni Belzoni von Juni bis Dezember 1815 zum ersten Mal in Oberägypten aufhält, unternimmt er auch einen ersten Anlauf um die Tempeleingänge von Abu Simbel freizulegen. Belzoni scheitert an der fast unmöglichen Aufgabe, die Kolosse und den darunter vermuteten Tempeleingang vom Sand zu befreien. Er nimmt sich jedoch vor zurückzukommen, um einen weiteren Versuch zu unternehmen. Auf seiner zweiten Reise nach Oberägypten, die im Sommer des Jahres 1817 stattfindet, gelingt es Belzoni schließlich, nach wochenlangen anstrengenden Grabungsarbeiten, im mörderisch-heißen Klima bei Sand, Staub und Ungeziefer sowie Auseinandersetzungen mit den örtlichen Scheichs, die Eingänge der Tempel freizulegen und diese – 3000 Jahre nach ihrer Fertigstellung – als erster Mensch der Neuzeit wieder zu betreten. Dabei hält er fest: *„Im Innern des Tempels war die Hitze so groß, dass es uns kaum möglich war, Zeichnungen anzufertigen, da der Schweiß von unseren Händen das Papier durchweichte. Wir überlassen dies daher dem Unternehmungsgeist der nachfolgenden Reisenden, die sicherlich weniger Hinderlichkeiten zu befürchten haben, da sich das Tempelinnere in der Zwischenzeit etwas abkühlen wird. [...]"*

Johann Ludwig Burckhardt ist es nicht mehr vergönnt, das Innere der von ihm entdeckten Tempel zu betreten. Er kommt auch nicht mehr dazu, seine anderen geplanten Unternehmungen durchzuführen. Burckhardt, körperlich geschwächt durch seine abenteuerlichen Reisen, stirbt am 15. Oktober des Jahres 1817 an den Folgen einer Fischvergiftung in Kairo.

Ramses II. fängt mit dem Bau der Tempel an der Grenze zu Nubien schon zu Beginn seiner Herrschaft an. Die Tempel dienen nicht nur der Vergöttlichung des Königs, sondern sind auch dazu gedacht, die Größe und Macht Ägyptens – und die seines Herrschers – in der südlichen Provinz zu demonstrieren. Fertig gestellt werden sie im 23. oder 24. Regierungsjahr des Königs. Beide Tempel sind jeweils vollständig in den Berg hineingearbeitet.

Vorbild der Tempel war vermutlich ein von Hatschepsut angelegtes Heiligtum für die Göttin Pachet in der Nähe von Beni Hassan. Die dortige Anlage gilt als erste, die vollständig in den Fels hineingetrieben wurde.

Großer Tempel von Abu Simbel

Vier, jeweils 22 Meter hohe, Sitzstatuen des Königs schmücken den Eingang des Großen Tempels von Abu Simbel. Der Tempel ist den Göttern Amun-Re und Re-Harachte, den Hauptgöttern Ober- und Unterägyptens, dem Schöpfergott Ptah sowie seinem Erbauer, Ramses II., geweiht. Die große Eingangshalle des Tempels zeigt den vergöttlichten Pharao, wie er seine Feinde besiegt. Neben mythologischen Darstellungen beherrschen vor allem Szenen aus der Schlacht bei Kadesch, mit dem König auf dem Streitwagen, die Wandbilder. In der Halle stehen acht 10

Meter hohe Pfeiler, die den Herrscher als Totengott Osiris, ausgestattet mit Krummstab und Wedel, symbolisieren. Der anschließende Saal ist zugleich Zugang zu acht weiteren Nebenkammern. Am Ende des Tempels führt ein schmaler Durchgang ins Allerheiligste. Dort, im Sanktuarium, 60 Meter vom Eingangsportal entfernt, vollzieht sich zweimal im Jahr ein kleines Naturschauspiel. Dieser Raum, auch Barkenraum genannt, hat eine Größe von nur zweieinhalb mal fünf Metern. Der Altarsockel, auf dem früher die Götterbarke stand, ist heute leer. An der Rückwand des Barkenraums sitzen, dem Eingang zugewandt, die in den Fels gehauenen Statuen von Ptah, Amun-Re, Ramses II. und Re-Harachte. Drei Statuen werden am 20. Februar und am 20. Oktober eines jeden Jahres von der einfallenden Sonne beschienen, und sollen so die Erneuerung des Herrschers symbolisieren. Nur die vierte Statue, die des Schöpfergottes Ptah, wird von den Strahlen der Sonne nicht berührt und bleibt damit für immer im Dunkeln.

Im 31. Regierungsjahr Ramses' II. wird Nubien von einem schweren Erdbeben erschüttert. Davon betroffen ist auch der Große Tempel von Abu Simbel. Bei einer der königlichen Sitzstatuen am Eingangspylon löst sich der Kopf mit einem Teil des Rumpfes und fällt zerschmettert zu Boden. Der Stein der Fassade ist jedoch so brüchig, dass der Schaden nicht behoben werden kann. Die von Rissen durchzogenen Osirispfeiler in der Halle des Tempels können dagegen von den Handwerkern Ramses' II. wieder ausgebessert werden.

Der kleinere der beiden Tempel von Abu Simbel ist der Göttin Hathor und der Königin Nefertari geweiht. Die Fassade des Tempels wird von drei, je 10 Meter hohen, Standbildern beherrscht, die Ramses II. mit seiner Königlichen Gemahlin darstellen. Auch hier zeigen die farbigen Wandreliefs im Inneren des Tempels, wie Ramses und Nefertari den Göttern opfern. Hier dominieren vor allem Szenen von der Krönung des königlichen Paares und die Beschützung der Königin durch die Göttin Hathor.

Erneutes Aufsehen erregen die Tempel von Abu Simbel, als man mit dem Bau des neuen Assuan-Staudammes beginnt. Die Ägyptologen machen sich darüber Gedanken, wie die Tempel von Abu Simbel und andere antike Bauwerke in Nubien und Oberägypten vor den Fluten des künftigen Nasserstausees zu schützen wären. Viele, teilweise obskure, Varianten werden diskutiert. Man einigt sich schließlich auf einen schwedischen Vorschlag, der vorsieht, die Tempel abzutragen und 180 Meter landeinwärts, auf 30 Meter höherem Niveau, wieder aufzubauen. Im Zuge einer – bis dahin beispiellosen – internationalen Rettungsaktion durch die UNESCO zersägt man die Tempel in Einzelblöcke und setzt diese über einem Gerüst aus Stahlbeton wieder zusammen. Am 22. September 1968 ist die Aktion nach über vierjähriger Arbeit offiziell beendet und hat 42 Millionen US-Dollar gekostet. Den vor über 3200 Jahren heruntergefallenen Kopf der Ramses-Statue legt man auch bei dem versetzten Tempel wieder zu den Füßen des Kolosses.

Machen wir von Abu Simbel einen gewaltigen Sprung in nördliche Richtung. Überspringen dabei den 1. Katarakt bei Assuan mit seinen Granitsteinbrüchen und der Insel Elephantine. Lassen bei unserer Reise nilabwärts den Doppeltempel von Kom Ombo, ein Bauwerk aus der Ptolemäerzeit, rechts liegen und streifen die antiken Steinbrüche von Gebel es-Silsile. Hier waren zur Zeit Ramses' II. über dreitausend Arbeiter damit beschäftigt, die Steinquader aus den Felsen zu lösen, die für die Kolossalbauten des Herrschers benötigt wurden. Vorbei an anderen antiken Stätten, von denen die bekanntesten der Horus-Tempel von Edfu und der Chnum-Tempel von Esna sind – beide in ptolemäischer Zeit erbaut –, erreichen wir schließlich das antike Theben. Luxor, wie die Stadt am Ostufer des Nils heute heißt, ist und war das Zentrum Oberägyptens. War sie zur Zeit der Pharaonen das Ziel vieler Händler, Diplomaten und Priester, so ist sie heute – neben Kairo und den Badeorten am Roten Meer – Hauptanziehungspunkt für die meisten Touristen, welche das Land besuchen. Hier, in der Stadt Amuns, hat Ramses II. vielen Bauwerken seinen Stempel aufgedrückt.

Ramses II. (Eingangspylon Luxor-Tempel)

Begeben wir uns zunächst zum Luxor-Tempel, der direkt an der Nil-promenade liegt. Er gehört ohne Zweifel zu den schönsten Tempeln des Landes. Erbaut unter Amenophis III., wurde der Tempel der thebani-schen Göttertriade, Amun, seiner Gemahlin Mut und ihrem gemeinsamen Sohn, dem Mondgott Chons, geweiht. Durch seine spätere arabische Be-zeichnung – *el Aksur* (die Schlösser) – bekam die heutige Stadt Luxor ih-ren Namen. Nachdem unter Tut-ench-Amun und Haremhab die Kolon-nade Amenophis' III. mit den 2 mal 7 Säulen vollendet wurde, erweitert Ramses II. die Anlage an der Nordseite um einen Hof mit insgesamt 74 Papyrussäulen. Der Tempel erreicht damit eine Gesamtlänge von 254 Me-tern. Ramses II., der sich als Bauherr Amenophis III. zum Vorbild ge-nommen hat, scheut jedoch nicht davor zurück, dessen Statuen und Säu-len zu vereinnahmen und mit eigenen Kartuschen und Inschriften zu ver-sehen. Ramses II. verlagert die Tempelachse, entgegen der ursprünglichen Nord-Süd-Richtung, etwas mehr nach Osten hin. Eine Barkenstation, erbaut von Thutmosis III., wird in den Hof mit einbezogen. Hier, an den

Wänden des Luxor-Tempels, lässt Ramses II. ebenfalls seinen Kampf gegen die Hethiter darstellen.

Auch der mächtige Eingangspylon ist ein Werk Ramses' II. Von den ursprünglich 6 Kolossalstatuen des Herrschers am Eingangspylon sind nur die beiden, den Eingang flankierenden, etwa 15 Meter hohen Sitzfiguren, sowie eine Standfigur erhalten geblieben. Von den beiden Obelisken, welche einst ebenfalls das Eingangsportal flankierten, ist heute nur noch der östliche zu sehen. Sein westliches Gegenstück wurde bereits 1831 unter der Leitung von Jean-François Champollion von dem französischen Architekten Jean-Baptiste Apollinaire Lebas abgebaut. Als das Steinmonument am 16. November auf der Erde liegt, stellt man überrascht fest, dass Ramses II. seine Namenskartusche auch auf der Standfläche des Obeliskenschaftes hat anbringen lassen. Die Reise des Obelisken nach Frankreich dauert fast drei Jahre. Die Archäologen lassen ein Schiff bauen, dessen Frachtraum so konstruiert ist, dass er den Maßen des Steins entspricht. Die „Luxor" segelt den Nil aufwärts, dort wird das Schiff wieder auseinandergebaut. Man schafft den Obelisken ins Innere und baut das Schiff um den Monolithen wieder zusammen. Erst Monate später, als der Nil wieder genügend Wasser führt, segeln sie nach Alexandria. Von dort wird das Granitmonument durch das Mittelmeer, über die Meerenge von Gibraltar nach Le Havre verschifft. Weihnachten 1833 erreicht der Obelisk Paris. Am 25. Oktober des Jahres 1836 wird der 23,50 Meter hohe und 230 Tonnen schwere Obelisk vor den Augen des französischen Königspaares und weiteren 200.000 Zuschauern auf der Place de la Concorde aufgestellt. Für alle deutlich sichtbar – aber von den wenigsten zu entziffern – trägt er die Inschrift: *„Ein Herrscher groß im Zorn, mächtig und stark; seines Ruhmes wegen erzittert jedes Land vor ihm"*. Der Obelisk – in der Sprache der alten Ägypter *„Techen"* genannt – war ein Geschenk des ägyptischen Vizekönigs Mohammed Ali an den französischen „Bürgerkönig" Louis Philippe. Als Gegengeschenk bekam der Vizekönig eine Uhr, die noch heute in der großen Moschee auf der Zitadelle von Kairo tickt. Der Pariser Obelisk ist einzigartig unter sämtlichen Obelisken der Welt: Seine

Spitze ist vergoldet. Historiker sind davon begeistert, weil der Obelisk zu Zeit Ramses' II. wohl genauso aussah – die kleine Pyramide auf seiner Spitze war mit Elektrum beschichtet, eine Gold-Silber-Legierung, das zur Zeit der Pharaonen vor allem in Nubien abgebaut wurde. Das 3,60 Meter große Pyramidion in Paris ist allerdings erheblich jünger und besteht aus vergoldeter Bronze. Es wurde am 14. Mai 1998 auf das Monument gesetzt.

Mit der systematischen Erforschung des Luxor-Tempels wird erst 1881 unter der Leitung von Gaston Maspero begonnen. Unter Maspero werden auch die, bis in das Tempelinnere reichenden Gebäude moderner Besiedlung entfernt. Einzig die, aus dem Mittelalter stammende, Moschee des islamischen Heiligen Abu al Haggag bleibt davon verschont. Sie ragt bis heute in den Kolonnadenhof Ramses' II. hinein und nimmt fast ein Viertel seiner Grundfläche ein. Die Restaurierungsarbeiten am Luxor-Tempel werden, mit Unterbrechungen, bis in unsere Zeit hinein fortgeführt. Zur Überraschung aller findet man am 22. Januar 1989 im Vorhof Amenophis' III. ein Statuenversteck, welches in römischer Zeit (um 400 n. Chr.) – wahrscheinlich im Zuge einer Tempelreinigung – angelegt wurde. In der *Cachette* findet man 26, teilweise sehr gut erhaltene, Götter- und Königsstatuen, die überwiegend aus der 18. und 19. Dynastie stammen. Unter ihnen, eine kopflose, 77 Zentimeter große, Alabaster-Statue Ramses' II. Eine Gruppenstatue aus der Zeit Ramses' II., die der König wahrscheinlich anlässlich eines Festes dem Tempel stiftete und zweieinhalb Meter hoch ist, stellt die thebanischen Gottheiten Amun und Mut dar. Die Statuen aus der *Cachette* sind im Luxor-Museum ausgestellt.

Mit dem Luxor-Tempel durch eine etwa zweieinhalb Kilometer lange Sphingen-Allee verbunden, die einst als Prozessionsweg diente, betreten wir nun eine der bedeutendsten Tempelanlagen Ägyptens, den Karnak-Tempel. Mit der Bautätigkeit an diesem Ort wurde schon im Mittleren Reich begonnen, die monumentalen Hauptteile der Anlage wurden aber erst während der 18. und 19. Dynastie errichtet. Auch Perser, Ptolemäer und Römer bauten in der Spätzeit noch in Karnak. Über 20 Heiligtümer und Tempel wurden während der Jahrhunderte auf dem Gebiet von Karnak errichtet. Insgesamt wird die riesige Anlage Karnaks von drei großen Tempelbezirken beherrscht, welche den Göttern Mut, Month und Amun geweiht sind. Aus altägyptischen Texten wissen wir, dass zur Zeit Ramses' III. über 81.000 Menschen (Priester, Wächter, Arbeiter und Bauern) für den Amuntempel von Karnak beschäftigt waren. Zu den Bauten kommt noch das Aton-Heiligtum, welches Echnaton in Karnak, östlich des Amun-Bezirkes, errichten ließ. Der größte Tempelbezirk, mit 300.000 Quadratmetern, ist der des Gottes Amun, dessen Mittelpunkt der Große Säulensaal ist. Der Bau des Säulensaals wird unter Ramses I. begonnen, von Sethos I. fortgeführt und schließlich von Ramses II. vollendet. 122 Papyrussäulen, jeweils 13 Meter hoch und mit geschlossenem Kapitell, sind in zwei mal zwei Gruppen zu beiden Seiten eines breiten Mittelganges angeordnet, der mit zwölf höheren Doldensäulen (jeweils 21 Meter hoch) aus dem weiten Saal herausragt. Die Wandinnenseiten des Säulensaals zeigen die genannten Pharaonen, wie sie vor den Göttern Opfer bringen. Auch die Krönungszeremonie Ramses' II. ist dargestellt. Die Außenseiten der Wände sind mit Kriegsszenen geschmückt. Viel Platz nimmt die Schlacht von Kadesch und eine Abschrift des Friedensvertrags mit den Hethitern ein. Die Dekoration und Beschriftung der Säulen und Wände wurde von Sethos I. mit erhabenen Reliefs begonnen und unter Ramses II. mit versenkten Reliefs fortgesetzt. Noch heute steht der Besucher – an die monumental-nüchterne Bauweise aus Glas, Stahl und Beton unserer Zeit gewohnt – ehrfurchtsvoll in diesem kathedralenartigen Säulensaal und lässt seine Atmosphäre auf sich wirken.

Weitere erhaltene Bauteile von Ramses II. in Karnak sind die Widdersphingenallee und zwei Kolossalfiguren des Herrschers vor dem zweiten Pylon. Eine der Kolossalstatuen, sie zeigt Ramses II. mit einer seiner Töchter, wurde später von Pinodjem I. (reg. etwa 1050 v. Chr.) vereinnahmt.

Bleiben wir im alten Theben, lassen uns aber mit einer Feluke auf das linke, westliche, Nilufer übersetzen. Ramses II. baut sich hier seinen Totentempel, „Haus der Millionen Jahre" genannt, der dem Reichsgott Amun geweiht ist. Der Tempel ist allgemein unter dem Namen Ramesseum bekannt. Die Tempelanlage Ramses' II. ist dem inzwischen verfallenen Totentempel seines Vorbildes Amenophis' III. nachempfunden. Von der ursprünglichen Anlage des Ramesseums ist heute nicht mehr allzu viel zu sehen. Von den acht Osirispfeilern des Herrschers an der Hofseite stehen noch vier aufrecht. Dort liegen die Trümmer von Kolossalstatuen, die – Schätzungen zufolge – einst über 18 Meter hoch waren und über 1000 Tonnen wogen.

Der Perserkönig Kambyses II., der 525 v. Chr. Ägypten eroberte, und sich in Sais zum König des Landes krönen ließ, soll bei seinem Einfall die Plünderung der ägyptischen Tempel befohlen haben. Dabei wurden über 300 Talente Gold, 2300 Talente Silber sowie Unmengen von Elfenbein und wertvollen Steinen geraubt. Künstler und Handwerker wurden gewaltsam aus Ägypten verschleppt, damit sie dem persischen Großkönig die Städte Persepolis und Susa bauten. Laut Herodot schickte Kambyses eine 50.000 Mann starke Armee auf der *Darb el Mahashas* – „der Straße des Verglühens" in die Oasenstadt Siwa um die Handelswege in der westlichen Wüste zu kontrollieren und die Tempel des Amun-Orakels zu zerstören. Dessen Priester hatten den Untergang des persischen Herrschers prophezeit. Laut Herodot wurde die persische Armee in den Weiten des Großen Sandsees von einem Sandsturm überwältigt, in dem sämtliche Soldaten ihr Leben verloren. Die untergegangene Armee des Perserkönigs wurde bisher noch nicht gefunden. Vielleicht ist sie auch ein Phantom. Eine weitere spektakuläre Aufgabe für spätere Ausgräber. Kambyses selbst machte sich unterdessen auf den Weg nach Theben. Dort soll er seinen Soldaten den Befehl gegeben haben, die Statuen Ramses' II. im Ramesseum zu zerschlagen. Der erfolgsverwöhnte Perser, Sohn des Kyros, so erzählt man, konnte den Anblick dieser gigantisch-monströsen Skulpturen nicht ertragen.

Durch Vermittlung Henry Salts ist es dem in Padua geborenen Giovanni Belzoni vorbehalten, wiederum eine von Johann Ludwig Burckhardt geplante Unternehmung durchzuführen, nämlich die Bergung einer der Kolossalbüsten aus dem Ramesseum. Während seiner ersten Reise nach Oberägypten, schafft es Belzoni, die Granitbüste Ramses' II. aus den Trümmern des Ramesseums zu bergen und unter großem Aufwand bis zum Nilufer zu schaffen. Dort verzögert sich der Abtransport der Büste, da er kein geeignetes Schiff auftreiben kann. Die Wartezeit versucht er zu nutzen, indem er den Nil hinauf reist bis nach Abu Simbel, wo er seinen ersten – vergeblichen – Versuch unternimmt, den dortigen Tempeleingang freizulegen. Wieder zurück in Luxor, gelingt es Belzoni, von einem ansässigen Scheich ein Boot zu erwerben und die Büste nach Alexandria zu transportieren. Von dort aus wird sie abschließend nach London verschifft. Die von Belzoni fortgeschaffte Büste aus Rosengranit, sie wird Memnonkopf genannt – die Hieroglyphen sind zu diesem Zeitpunkt noch nicht entziffert –, hat eine Höhe von über zweieinhalb Metern und wiegt sieben Tonnen. Ein weiterer, weniger gut erhaltener, Kopf Ramses' II. liegt heute ebenso noch an Ort und Stelle, wie die zertrümmerten Reste der übrigen kolossalen Statuen.

Am Eingangspylon des Totentempels sind wiederum Reliefs zu sehen, die Ramses II. in Schlachten in Syrien und bei Kadesch zeigen. Das Ramesseum diente zur Zeit Ramses' II. nicht nur dem Totenkult des Herrschers, sondern wurde auch als Studier- und Schreibschule genutzt. Um das eigentliche Tempelareal herum sind noch heute die aus Nilschlammziegeln erbauten Magazine zu sehen, die einst der Vorratshaltung dienten. Man hat ausgerechnet, dass 350 Lastkähne mit einer Kapazität von je 650 Sack nötig waren, um sie zu füllen. Das reichte aus, um etwa 17.000 bis 20.000 Menschen ein Jahr lang mit Getreide zu versorgen.

Mit dem *„Grabmal des Osymandias"* (aus *User-Maat-Re* gräzisierter Thronname Ramses' II.) schrieb der Engländer Percy Bysshe Shelley über das

Ramesseum mit der Kolossalstatue 1817 folgendes Gedicht:

Einen traf ich, fern aus antikem Land
Der sprach: Zwei Beine, steinern, riesig, rumpflos
Stehn in der Wüste ... Nahbei, halb im Sand
Liegt ein zerbrochnes Antlitz, dessen Runzeln
Kommandolächeln, kalten Hohn und Lauern
Erzähln, sein Bildner las die Züge gut
Die, aufgepresst auf Totes, überdauern
Die formende Hand und das Herz, das sie trug:
Und auf dem Sockel ist dies eingemeißelt:
„Ich heiß Osymandias, Königskönig:
Seht, Mächtige, mein Werk an, und verzweifelt!"
Nichts sonst ist übrig. Rings um den Verfall
Des kolossalen Wracks, glatt, einsam, eben
Strecken sich Sande grenzenlos und kahl.

Shelley, der Ägypten nie bereiste, hatte wohl nicht mit dem manchmal sonderbaren Verlauf der Geschichte gerechnet, die gerade Ramses II. wieder auferstehen ließ. Die Statue, die er in seinem ironischen Gedicht beschrieb, liegt noch heute an Ort und Stelle. Den Dichter hat sie bereits überlebt, und sein Gedicht wird sie wahrscheinlich auch noch überleben.

Der Totentempel seines Vaters wird ebenfalls von Ramses II. vollendet. Sethos I. hatte den Bau, der als erster Tempel der 19. Dynastie gilt, für sich und seinen Vater – Ramses I. – begonnen. Die Reliefs an den Wänden des Tempels zeigen vor allem diese drei ersten Pharaonen der 19. Dynastie bei Opferhandlungen vor den Göttern des Landes.

Wenden wir uns jetzt den Gräbern zu, die Ramses II. hat bauen lassen. Auf einer Länge von etwa 6 Kilometern, parallel zum Nil, befinden sich in den westlichen Bergen Thebens die Gräber von Pharaonen, Königinnen,

Prinzen, Adligen und Beamten aus der Zeit des Neuen Reichs. Ramses II. hat – neben seiner eigenen Grabstätte – noch weitere bemerkenswerte Gräber in den Nekropolen Thebens anlegen lassen.

Eines der schönsten Gräber, welches je geschaffen wurde, ist das der Königin Nefertari, der ersten Gemahlin Ramses' II., der auch der kleine Tempel von Abu Simbel geweiht wurde. Sie verstarb zwischen dem 25. und 30. Regierungsjahr des Königs.

Ihr Grab liegt im so genannten Tal der Königinnen, von den alten Ägyptern *„Set Neferu"* (= Sitz der Schönheit) genannt. Ramses I. ist nachweislich der erste Pharao, der in diesem Tal eine Grabanlage für seine Gemahlin – Satre – anlegt.

Als das Grab der Nefertari 1904 von dem Italiener Ernesto Schiaparelli entdeckt wird, ist bereits die gesamte Ausstattung des Grabes ausgeraubt. Im Grab findet man nur noch einige Gefäße, Figuren, ein Paar Ledersandalen und zwei mumifizierte Beinteile, welche der Königin zugeschrieben werden.

Die mumifizierten Beinfragmente wurden zusammen mit den anderen Objekten ins Ägyptische Museum nach Turin gebracht und nicht mehr genauer untersucht – bis vor kurzem. Frank Rühli von der Universität Zürich und seine Kollegen haben die beiden Mumienbeine nun erstmals einer ausführlichen Analyse unterzogen. Neben einer Radiokarbondatierung und röntgengestützten anatomischen Vermessungen untersuchten sie die Relikte auch auf DNA hin und führten chemische Analysen durch, um mehr über die Einbalsamierungsmethode zu erfahren. Die Auswertungen ergaben: Die Beine gehörten einer Frau, die im Alter zwischen 40 und 60 Jahren gestorben sein muss. Den Vermessungen der Knochen nach, war die Tote rund 1,65 bis 1,68 Meter groß. „Diese Frau war damit größer als 84 Prozent ihrer Zeitgenossinnen", berichten Rühli und seine Kollegen. Die Knochen und Kniegelenke weisen zudem keine Spuren großer Belastung oder harter Arbeit auf – was gut zu einer Angehörigen der Elite passen würde. Auch Alter und die Methode der Einbalsamierung passen ins Bild, wie die Forscher berichten: Die chemischen Analysen wiesen Substanzen nach, die typisch für die Einbalsamierungstechniken der 19. und 20. Dynastie waren – die Zeit, in der Nefertari lebte. So wurde noch kein Bitumen verwendet und die Mumie wurde auch nicht in Natron gebadet, wie es später üblich war.

Erhalten geblieben sind im Grab jedoch die schönen Wandmalereien des Königinnengrabes. Durch die Luftzufuhr und den stetigen Besucherstrom begannen die Farben im Laufe der Jahrzehnte immer mehr zu verblassen. Auch der Putz wurde rissig und löste sich von den Wänden. Die Altertümerverwaltung in Kairo sah sich deshalb schon in den 30er Jahren gezwungen, das Grab für die Öffentlichkeit zu schließen. 1986 machten sich italienische Restauratoren mit finanzieller Unterstützung der Paul-Getty-Stiftung daran, die wertvollen Malereien zu retten. Die Arbeiten im Grab der Königsgemahlin sind mittlerweile erfolgreich abgeschlossen. Ob das Grab für Besucher je wieder geöffnet wird, ist mehr als fraglich. Nur sechs Menschen, so ergaben Messungen, lassen in einer Stunde die Luftfeuchtigkeit um 2,6 % steigen.

Begeben wir uns jetzt zum berühmten, schon mehrmals erwähnten, Tal der Könige. Im Vergleich zu den anderen Tälern der Region ist es relativ klein – nur etwa vier Hektar groß. Die Pharaonen des Neuen Reiches legten ihre Gräber in diesem einsamen, schwer zugänglichen, Tal an, um so ihre letzte Ruhestätte vor Grabräubern zu schützen. Genutzt hat ihnen diese Abgeschiedenheit wenig. Die meisten Gräber wurden schon in altägyptischer Zeit ihrer Schätze beraubt. Heute ist das Tal bequem über eine asphaltierte Straße zu erreichen. Wenn man sich dann noch an den Souvenirhändlern vorbeigeschlängelt hat, steht man am Eingang des Tales. Ursprünglich ein schmaler – von Soldaten des Pharao bewachter – Durchlass, wurde der Eingang erweitert, um die Touristenströme besser fließen zu lassen. Über der steilen Felswand, am gegenüber liegenden Ende des Tales, erhebt sich ein 489 Meter hoher pyramidenförmiger Berg,

El-Qurn, „das Horn“, genannt, Sitz der Göttin Meret-Seger – „Die, welche die Stille liebt“. Kein Baum, kein Strauch wächst im Tal, die heiße, trockene Luft scheint still zu stehen. Dazu das grau-gelbe Geröll – ein trostloser Anblick. Trotzdem meint man, hier noch den Geist der Pharaonenzeit zu spüren. Auf ausgetretenen Pfaden erreicht man die Eingänge der Gräber, deren Stollen vor über 3000 Jahren in die hügelige Landschaft hineingetrieben wurden. Einige Gräber sind für Besucher jedoch nicht mehr zugänglich. So auch das Grab von Sethos I., 1817 von Giovanni Belzoni entdeckt. Wegen seiner großartigen Wandbemalungen gilt es noch heute als bedeutendstes Königsgrab Ägyptens. Andere Gräber sind so stark vom Einsturz und Verfall bedroht, dass sie aus Sicherheitsgründen für Besucher geschlossen werden mussten.

Tal der Könige, im Hintergrund El-Qurn

1827 beginnt der Engländer John Gardener Wilkinson damit, alle bis dahin bekannten Gräber im Tal der Könige zu nummerieren. Auf diese

Weise werden die ersten zwanzig Nummern vergeben. Die Gräber im westlichen Seitental (so auch die Königsgräber von Amenophis III. und Eje) nummeriert der Brite in einem gesonderten System. Über 80 Jahre lang trägt das von Howard Carter entdeckte Grab von Tut-ench-Amun die letzte Nummer im Tal – die KV 62 (das Kürzel KV steht für *Kings Valley*). Dann entdeckt im Frühjahr 2005 eine Grabungsmission der US-Universität Memphis unter der Leitung von Dr. Otto Schaden – nur wenige Meter vom Grab des Tut-ench-Amun entfernt – ein bis dahin unbekanntes Beamtengrab aus der 18. Dynastie, das die Nummer 63 erhält. Die sieben Holzsarkophage – darunter auch der eines Kindes –, die in der 4 mal 5 Meter großen Grabkammer gefunden werden, weisen darauf hin, dass das Grab in späterer Zeit als Mumienversteck genutzt wurde.

Inzwischen wurden im Tal der Könige zwei weitere Gräber entdeckt. Nummer 64 entdeckte ein Grabungsteam der Universität Basel unter der Leitung von Dr. Susanne Bickel 2011. Die Entdeckung gilt als „Zufallsfund". Die Öffnung des Grabes und die Ausgrabungen erfolgten erst im Januar 2012, knapp ein Jahr nach der eigentlichen Entdeckung. Im oberen Bereich des Grabes fand sich auf einer dicken Schicht Schutt liegend ein schwarzer Sarg mit der gut gewickelten Mumie einer Frau. Die Inschriften auf dem Holzsarg nennen den Namen Nehemes-Bastet, so dass angenommen wird, dass es sich um deren Sarg handelt. Dem Text der am Fußende des Sarges gefundenen kleinen Holzstele zufolge, war sie die Tochter eines Priesters in Karnak und trug den Titel „Sängerin des Amun". Das Baseler Grabungsteam datierte den Fund des Sarges und der kleinen Holzstele in die 22. Dynastie. Das erste und ursprüngliche Begräbnis wird hingegen, aufgrund von im Schutt gefundenen Holz- und Keramikfragmenten, in die 18. Dynastie datiert. Der eigentliche Grabinhaber ist unbekannt.

Die Nummer 65 wurde bereits im Juli 2008 von Zahi Hawass durch eine Radaranomalität entdeckt, ist aber bislang noch nicht geöffnet.

Die Grabanlage Ramses' II., KV 7, wurde schon in der Antike geöffnet und seiner Schätze beraubt. Im so genannten „*Verhaftungspapyrus*" aus der 20. Dynastie ist dokumentiert, dass zwei Diebe bereits im 29. Regierungsjahr Ramses' III. (1158 v. Chr.) – also nur 55 Jahre nach der Beisetzung Ramses' II. –, den Versuch unternahmen in das Grab des Königs zu gelangen, indem sie über dem zugemauerten Eingang Steine herausrissen.

Das Grab ist heute fast völlig unzugänglich. In den Korridoren und Gängen türmen sich Sand und Geröll, welche die seltenen, aber teilweise sintflutartigen Regenfälle über Jahrhunderte hinweg in die knapp 870 Quadratmeter große Grabanlage schwemmten. Einige der Gänge sind so mit Schutt überfüllt, dass man sich in ihnen nur kriechend fortbewegen kann. In der 180 Quadratmeter großen Grabkammer, der „Halle des Goldes", liegen die acht zerbrochenen Pfeiler, welche einst das 7 Meter hohe, mit astronomischen Zeichnungen dekorierte, Deckengewölbe trugen. Die aufwändige Dekoration des Grabes – dargestellt sind u. a. die „Litanei des Re" und das „Mundöffnungsritual" – brauchte einen Vergleich mit der seines Vaters nicht zu scheuen. Nimmt man zudem noch die gefundenen Grabbeigaben des Kindkönigs Tut-ench-Amun als Maßstab, so dürften sich im Grab Ramses' II. unermessliche Schätze befunden haben. Heute sind – weltweit verstreut – nur noch wenige Fundstücke vorhanden, die sich eindeutig dem Grab zuordnen lassen: so eine hölzerne Statue des Königs (Britisches Museum, London), und die obere Hälfte eines plattgedrückten Uschebti aus Bronze (Ägyptisches Museum, Berlin). Zwei große hölzerne Uschebtis befinden sich jeweils im Brooklyn Museum, New York und im Britischen Museum, London.

Ein französisches Archäologenteam welches die königliche Grabanlage untersuchte, fand bei seinen Grabungen Bruchstücke eines Kanopenkastens und eine steinerne Uschebti-Figur. Bruchstücke aus Kalzit mit Farbspuren ordneten die Franzosen dem verschwundenen Sarkophag des Herrschers zu.

Vier blaue Pseudo-Kanopenvasen, welche den Namen des Königs tragen und seit 1905 im Pariser Louvre ausgestellt sind, wurden ursprünglich ebenfalls dem Grab zugeordnet. Mithilfe der Radiokarbon-Methode, mit der eine genaue Altersbestimmung möglich ist, datierten die Forscher das Material jedoch auf das Jahr 1035 v. Chr., also knapp 180 Jahre nach dem Tod des Pharao. Die Wissenschaftler des Louvre gehen nun davon aus, dass die Gefäße für einen Tempel hergestellt wurden, dessen Erbauer Ramses II. war. Sie enthielten auch keine einbalsamierten Eingeweide des Pharao – wie bis dato angenommen – sondern duftende Heilsalben, wie Spuren von tierischem Fett und Dufthölzer von Pinie und Zeder vermuten lassen.

Ein weiteres Grab im Tal der Könige, dessen Bauherr ebenfalls Ramses II. war, ist das Grab KV 5, „Grab der Prinzen" genannt. Bereits 1825 von dem Engländer James Burton entdeckt, lässt das Interesse an dem Grab schnell nach, als man feststellt, dass es sich nicht um eine königliche Anlage handelt. Nichtkönigliche Grabanlagen enthielten keine Grabschätze, waren also für die damaligen Ausgräber bedeutungslos. Die von Burton gezeichneten Pläne des Grabes verschwinden in den Archiven des Britischen Museums. Danach gerät das Grab in Vergessenheit. Howard Carter, der 1902 im Tal gräbt, schüttet gar den Eingangsbereich des Grabes unwissentlich mit dem Abraum seiner Grabung zu. Der US-Ägyptologe Kent Weeks und sein Team beginnen 1988 im Rahmen ihres „Theban Mapping Project's" erneut mit der Erforschung des Prinzengrabes. Nachdem sie in siebenjähriger Arbeit den Eingangsbereich und Teile der – bis knapp unter die Decke mit Geröll gefüllten – drei Haupträume freigelegt haben, in die schon Burton gekrochen war, macht Weeks 1995 eine sensationelle Entdeckung. Hinter dem dritten Raum – einem 16 mal 16 Meter großen Säulengewölbe – öffnet sich ein enger Durchlass. Dieser mündet in einen langen, bisher unbekannten, Korridor. Am Ende dieses Korridors, etwa 60 Meter vom Grabeingang entfernt, stößt der amerikanische Ausgräber auf eine eineinhalb Meter große, in den Felsen gehauene, Götter-Statue. Das Gesicht der Statue ist jedoch – vermutlich durch die angeschwemmten Geröllmassen – völlig zerstört. Man kann aber noch die dunkelgrauen und grünen Farbpigmente an der Figur erkennen, die Ramses II. als Osiris darstellt, der seine Söhne ins Jenseits führt. Vom Korridor aus zweigen nochmals unzählige Nebenräume ab. Weeks und sein Team kommen sich vor, als befänden sie sich auf einem riesigen Hotelflur mit vielen abzweigenden Türen. Die mit Geröll überfüllten Kammern sind teilweise mit Wandzeichnungen dekoriert. Nur wenige Reliefs haben die Jahrtausende nahezu unbeschädigt überdauert. Bis 2006 hat man 121 dieser Räume und Kammern gezählt. Weeks geht davon aus, dass das Grab insgesamt 150 Kammern enthalten dürfte. Selbst in den Gräbern der Pharaonen fand man bisher nicht eine so hohe Anzahl von Nebenräumen. Die farbige Wandzeichnung in einer freigelegten Kammer des Prinzengrabes zeigen Ramses II., wie er einen seiner Söhne ins Jenseits führt. In einer weiteren Kammer entdecken die Ausgräber die Überreste eines Stierschenkels, drei menschliche Totenschädel und ein fast vollständig erhaltenes menschliches Skelett, bei dem die Arme über dem Oberkörper gekreuzt sind. Ein Indiz königlicher Abstammung. Erst zukünftige DNA-Analysen werden möglicherweise Auskunft darüber geben, ob es sich bei den Gebeinen wirklich um die von königlichen Prinzen oder „nur" um antike Grabräuber handelt. Weeks vermutet, dass die beiden ersten Räume und ein Teil des dritten Grabraumes bereits während der 18. Dynastie als Grab eines Beamten angelegt wurden. Die Anlage wurde dann ab dem dritten Raum im Auftrag Ramses' II. – so eine Grabinschrift – im 19. Regierungsjahr des Herrschers erweitert, um damit zu einem riesigen Sammelgrab für seine – vor ihm verstorbenen – Söhne zu werden. Wie Hieroglyphen im Eingangsbereich und ausgegrabene Kanopenfragmente belegen, sind zumindest fünf Söhne des Herrschers mehrmals im Grab erwähnt. Jahrzehntelange Ausgrabungs- und Forschungsarbeiten werden noch nötig sein, um die vielen Rätsel des Prinzen-Grabes zu lösen.

Etwa 100 Kilometer Luftlinie nördlich von Luxor, am Westufer des Nils, liegt die Stadt Abydos. Die Tempelanlage von Abydos diente vor allem dem Kult des Totengottes Osiris, dessen Kopf – einer Legende zufolge – einst hier begraben wurde. Schon die Herrscher der Frühzeit (um 2800 v. Chr.) legten an diesem heiligen Ort ihre Zweitgräber in Form von Scheingräbern an. In Abydos lässt Sethos I. einen gewaltigen Tempel errichten, dessen Areal über 60.000 Quadratmeter umfasst. Er wird später von Ramses II. vollendet. Nur wenige Meter hinter der Tempelanlage liegt das so genannte Osireon, das Scheingrab Sethos' I. Ramses II. fügt dem Tempel seines Vaters noch einen eigenen, kleineren, hinzu. Auch hier sind an den Außenwänden Darstellungen der Schlacht von Kadesch zu sehen. In der so genannten Königsgalerie von Abydos, ebenfalls von Sethos I. angelegt, ist Ramses bereits als Kronprinz mit aufgeführt. Die Königsliste umfasst 75 ehemalige Herrscher, die bis zu dem legendären Menes zurück reicht. Die Pharaonin Hatschepsut hat man dabei ebenso übergangen wie den Ketzerkönig Echnaton und dessen Nachfolger. Auf Amenophis III. folgt direkt Haremhab.

Begeben wir uns jetzt nach *Menepher* (griechisch: Memphis), der einstigen Haupt- und Residenzstadt des Reiches. Schon seit dem Alten Reich (etwa 2500 v. Chr.) war Memphis – die Waage der beiden Länder – Residenz der ägyptischen Könige. Sie lag an der Grenze von Niltal und Delta. Wurde sie auch zwischenzeitlich immer wieder von anderen Städten als Haupt- und Residenzstadt abgelöst, ihre strategische und wirtschaftliche Bedeutung hat sie im Laufe der Jahrhunderte nie eingebüßt. Ihr Niedergang setzte erst ein, als Kaiser Theodosius (reg. 379-395 n. Chr.) die Tempel der Stadt schließen ließ. Der gleiche Kaiser übrigens, der im Jahr 394 die Spiele von Olympia als heidnisch verbot. Kommt man heutzutage als Besucher zu der neuzeitlichen Ortschaft Mitrahina – dort, wo einst die Metropole eines Weltreichs stand – ist man mehr als enttäuscht. In den Palmenhainen findet man nur noch vereinzelte Trümmer vor, die darauf hinweisen dass hier einst Menschen lebten. Von der legendären „Weißen Mauer" des König Menes ist eben so wenig vorhanden wie von den vielen Tempeln, welche die Stadt einst beherrschten. Der größte Teil der Stadt versank während der Jahrhunderte in den Sümpfen des Nildeltas. Teilweise wurden Steine aus Memphis auch ins 30 Kilometer entfernte Kairo gebracht, wo man sie für den Bau der Moscheen und der mittelalterlichen Stadtmauer wieder verwendete. Es fällt einem schwer, sich heute ein Bild von der einstigen Größe dieser ehemaligen Metropole zu machen.

In Memphis lässt Ramses II. die Westhalle des Ptah-Tempels errichten, die aus einem 74 Meter breiten Pylon bestand. Der Schöpfergott Ptah zählte zu den Reichsgöttern des Landes und war zugleich der Stadtgott von Memphis. Sein Tempel war eines der wichtigsten Heiligtümer Ägyptens. Der Tempelbezirk des Ptah war trapezförmig angelegt und von einer Mauer umgeben. In der Südwestecke des Ptah-Bezirkes befand sich das Heiligtum des Apis-Stieres, zu dem auch das Einbalsamierungshaus für die heiligen Tiere gehörte. In seinem Endstadium – während der Ptolemäerzeit – hatte der Bezirk des Ptah einen trapezförmigen Umfang von 410 mal 580 und 480 mal 630 Meter. Von diesem Ptah-Tempel – Tempel des Ka des Ptah – wie es präzise heißt, hat das Land seinen Namen. Im Ka sahen die Ägypter das Symbol einer unsterblichen Lebenskraft. Symbolisiert wird sie durch die beiden erhobenen Arme des Kas. Diese göttliche Lebenskraft wird vom Vater auf den Sohn, vom Gott auf den König und vom König auf die Menschen übertragen. Der Tempelname wurde im altägyptischen *He-ko-ptah* ausgesprochen, aus dem die Griechen dann *Aigyptos* machten.

Der Göttin Hathor wurde unter Ramses II. ebenfalls ein Tempel in Memphis geweiht. Eine gefundene Stabträgerfigur, welche den Herrscher darstellt, verweist in einer Inschrift darauf, dass es in Memphis neben vielen anderen, heute nicht mehr aufzufindenden Tempeln, auch eine Kultstätte des Gottes Thot gegeben haben muss. Vor den Toren der Tempel standen mehrere Kolosse Ramses' II., von denen einer aus poliertem Kalkstein – 15 Meter groß – in der Museumshalle von Mitrahina liegt.

Kolossalstatue Ramses' II. in Memphis
(Mitrahina)

Eine Granitstatute des Königs, die 1882 ebenfalls in Memphis gefunden wurde, beherrschte seit 1954 den *Midan Ramsis*, den Bahnhofsvorplatz von Kairo. Der damalige Staatspräsident Gamal Abdel Nasser hatte sie dort als Symbol der Wurzeln der neuen ägyptischen Republik aufstellen lassen. Die Altertümerverwaltung sah sich jedoch – aufgrund der enormen Umweltbelastungen in Kairo – gezwungen, die Kolossalstatue von ihrem dortigen Platz wegzuschaffen. Nach fast 10-jährigen Verhandlungen und Planungen wird die 11 Meter hohe Statute Ramses' II. im August

2006 in einem wahren Triumphzug aus der Stadt transportiert und in der Nähe der Pyramiden von Gizeh aufgestellt. Dort soll sie – von Schmutzpartikeln befreit und restauriert – in neuem Glanz erstrahlen. Später wird sie im Eingangsbereich des – im Bau befindlichen – neuen Ägyptischen Museums auf dem Plateau ihren Platz finden. Dessen Einweihung war zunächst für 2015 geplant. Der Eröffnungstermin des ehrgeizigen Projektes, der durch die Revolution und Finanzierungsprobleme (es fehlen etwa 300 Millionen US-Dollar) immer wieder verschoben wurde, soll in nächster Zukunft sein. Zumindest soll dann der Bereich mit Tut-ench-Amuns Grabschätzen und die „große Halle der Stufen" für die Besucher zugänglich gemacht werden. Das komplette Museum soll dann 2020 eröffnet werden. Bereits fertiggestellt sind die Depots, Verwaltungsgebäude und Restaurierungswerkstätten – die modernsten der Welt, versteht sich, jedes europäische Museum schielt sehnsüchtig dorthin. Von der Öffentlichkeit fast unbemerkt, sind bereits 16.000 Objekte umgezogen, darunter auch jene Schätze des Tut-ench-Amun, die bisher in den Magazinen des alten Hauses lagerten. In der Quarantänekammer werden sie von Pilzen befreit, und im Papyruslabor entrollen die Restauratoren Weihesprüche, die den Königen vor drei Jahrtausenden für das Jenseits mitgegeben wurden.

Dies waren die wichtigsten, uns heute bekannten, Bauwerke Ramses' II. Aber auch an anderen Orten Ägyptens hat Ramses als Bauherr gewirkt. Hier sollen, der Vollständigkeit halber, nur die Orte aufgelistet werden, in denen Ramses II. seine Spuren hinterließ. In Nubien sind dies die Tempel von Gebel Barkal, Amara-West, Akscha, Derr, Wadi es-Sebu'a, Gerf Hussein und Bet el-Wali.

In der oberägyptischen Stadt Achmim wurde 1981 eine 7,50 Meter große Statue Merit-Amuns – einer Tochter Ramses' II. – gefunden. Bei weiteren Ausgrabungen kamen dort auch Bruchstücke einer Ramses-Statue – zutage. Ende 1991 entdeckten die Archäologen in Achmim eine weitere Riesenskulptur von Ramses II., die zu einem ehemaligen Tempel gehörte.

Die Ausgräber können die Arbeiten jedoch nicht fortsetzen, da der größte Teil des ehemaligen Tempelbezirkes unter modernen Wohnanlagen liegt. Obwohl die ägyptische Regierung den Bewohnern neue Wohnungen versprochen hat, weigern sich diese, ihre angestammten Häuser zu verlassen.

In Mittelägypten hinterließ der Pharao seine Spuren u. a. in Hermopolis, Antinoe und Medinet el-Faijum, von den Griechen Krokodilopolis genannt. Auch auf der Sinaihalbinsel, im Hathortempel von Serabit, wurden Stelen mit Inschriften von Ramses II. ausgegraben. Die Göttin Hathor war u. a. auch die Schutzgöttin der Bergleute, die auf Sinai über Jahrhunderte hinweg Türkis abbauten. Bei Tell Habua fanden Archäologen die Überreste einer Festung, die am sogenannten Horus-Weg lag. Dieser verlief fast parallel zur Mittelmeerküste durch den Sinai und war in pharaonischer Zeit die wichtigste Militär- und Handelsroute von Ägypten nach Asien. Teile einer achteckigen Kalksteinsäule tragen u. a. Namen und Titel von Pharao Ramses II.

Selbst als man 1995 im Hafenbecken von Alexandria – Alexander der Große gründete die Stadt 331 v. Chr. – nach den Überresten der versunkenen Palastanlage der Ptolemäerkönige und des berühmten, etwa 120 Meter hohen, Leuchtturms von Pharos taucht, findet man in der Trümmerlandschaft des Mittelmeeres Steinfragmente die mit den Namenskartuschen Sethos' I. und Ramses' II. versehen sind. Man weiß, dass, während der etwa 300-jährigen Regierungszeit der ptolemäischen Herrscher und in der römischen Epoche, Gebäudeteile von Heliopolis nach Alexandria gebracht, und dort, inmitten der Palastanlage, wieder verbaut wurden. So z. B. auch die beiden, etwa 21 Meter hohen, Obelisken Thutmosis' III. Sie wurden 13/12 v. Chr. unter Kaiser Augustus nach Alexandria transportiert und im dortigen Caesareum aufgestellt. Bekannt wurden sie als die *Nadeln der Kleopatra*. Einer der beiden Obelisken – welcher bereits 1301 durch ein Erdbeben umstürzte – sollte in London neu aufgestellt werden. Während des Transports kenterte das Schiff mit dem Monolithen in einem Sturm in der Biskaya, bei dem sechs Mannschaftsmitglieder ums Leben kamen. Der Obelisk konnte gerettet werden und wurde zunächst nach Spanien gebracht um die Schäden zu beheben. 1878 wurde er dann in London aufgestellt. Sein Gegenstück – der bis zu seinem Abtransport aufrecht stand – steht seit 1881 im New Yorker Central Park. Auch Ramses II. ließ in der Sonnenstadt Heliopolis, die einst zwei Haupttempel besaß, die den Göttern Re-Harachte und Atum geweiht waren, mehrere Obelisken aufstellen. Drei von ihnen kann man auf der Piazza del Popolo, der Piazza della Rotonda und bei der Villa Celimontana in Rom bewundern, den vierten in den Gärten der Villa Medici in Florenz.

„Da setzten die Ägypter Aufseher über sie ein, um sie durch Zwangsarbeit zu unterdrücken. Sie bauten für den Pharao Vorratsstädte, und zwar Pithom und Ramses." So steht es im 2. Buch Moses (Exodus). Die Stadt Pithom wurde schon relativ früh im nordöstlichen Delta, etwa 15 Kilometer westlich vom heutigen Ismailia, lokalisiert. Die Funde sind in Ismailia ausgestellt.

Wo aber lag die Stadt des Ramses, aus der angeblich auch der Exodus Israels unter ihrem Führer Moses erfolgt sein sollte? Auch sie musste im Nordosten des Landes liegen. Oder war sie nur eine Legende? Lange haben Ägyptologen und Bibelforscher nach ihr gesucht. Überlieferungen zufolge musste sie am östlichsten Flussarm des Nils erbaut worden sein. Doch wo dieser einst verlief wusste später keiner mehr. Denn das Wasser suchte sich in den vergangenen 3000 Jahren immer neue Wege. Die Verzweigungen des Flusses änderten sich, die Flussarme verlandeten. So hatte der Fluss zur Römerzeit noch sieben Hauptarme. Heute gibt es nur noch zwei Mündungsarme: den westlichen Rosette-Arm und den östlichen Damietta-Arm.

Bereits 1863 beginnt der Franzose Auguste Mariette mit Ausgrabungen in Tanis und findet u. a. die „400-Jahr-Stele", auf der Ramses II. seine Vorfahren verehrt. Dazu später mehr. 1883/84 gräbt der Engländer Flinders Petrie in der Stadt Tanis – dem Zoan der Bibel – und vermutet hier die Stadt des Ramses. Der französische Archäologe Pierre Montet bekommt 1928 eine Grabungslizenz und gräbt – nur unterbrochen durch den 2. Weltkrieg – bis 1956 in Tanis. Er findet dabei die Königsgräber der 21. und 22. Dynastie, deren Schätze heute im Museum von Kairo ausgestellt sind. Montet legt bei seinen Grabungen außerdem Palast- und Tempelbezirke der Stadt frei. Er entdeckt dabei u. a. Teile einer kolossalen Granitstatue Ramses' II., die einst über 21 Meter hoch und 1000 Tonnen schwer gewesen sein dürfte. Allein ein Auge des Kolosses hat eine Breite von 42 Zentimetern. Vor allem die Menge des ausgegrabenen Materials, auf der die Namenskartusche Ramses' II. angebracht war, wies eindeutig darauf hin, dass hier die Stadt des Ramses – Per-Ramses (= Haus des Ramses) – gestanden haben musste. Doch etwas Entscheidendes – obwohl es Montet nicht wahrhaben wollte – fehlte: Von den unzähligen Keramik- und Tongefäßen, die man ausgrub, war kein einziges aus der Zeit Ramses' II. Sie stammten alle aus der 20. und 21. Dynastie.

Inzwischen sind die Ausgrabungen von Montet vom Sand größtenteils wieder zugeweht.

Der französische Ausgräber hatte sich gründlich geirrt. Per-Ramses wurde etwa 25 Kilometer südlich von Tanis lokalisiert. Es liegt, bzw. lag, zwischen dem ehemaligen Avaris und dem heutigen Qantir.

Fellachen hatten bereits 1925 in einem Erdhügel bei Qantir glasierte Fliesen gefunden, die man auf die Zeit der 19. Dynastie datierte. Zunächst schenkte man den Fliesen wenig Beachtung und betrachtete sie mehr oder weniger als Zufallsfunde. Nahm man doch zu jener Zeit noch an, dass die Stadt Ramses' II. bei Tanis lag, da man dort Unmengen von Material fand, welches auf Per-Ramses hindeutete. Der ägyptische Archäologe Labib Habachi entdeckte in den vierziger Jahren beschriftete Stelen bei Qantir, deren Übersetzungen 1953 veröffentlicht wurden. Langsam schien es sich herauszukristallisieren: Die Ruinen des einstigen Per-Ramses liegen bei Qantir. 1966 begann der österreichische Archäologe Manfred Bietak mit der systematischen Erforschung des Gebietes des Tell el Daba. Bietak's

Ausgrabungen, die noch lange nicht abgeschlossen sind, sollten nun den endgültigen Beweis ergeben, dass Per-Ramses einst in der Nähe des heutigen Dörfchens Qantir gelegen hat. Seit 1980 beteiligt sich auch das Hildesheimer Roemer- und Pelizaeus-Museum an den Grabungsarbeiten.

Per-Ramses hatte, den Ausgrabungen zufolge, eine Ausdehnung von etwa 30 Quadratkilometern und wurde durch künstliche Kanäle und Seen in verschiedene Stadtviertel unterteilt. Die Kanäle der Stadt wurden vom Pelusischen Nilarm (dem „Wasser des Re") gespeist, der zugleich die Westgrenze der Stadt markierte. Allein die königliche Palastanlage, wie aus den freigelegten Fundamenten ersichtlich, maß 500 mal 400 Meter. Die glasierten, türkisfarbenen Fliesen, von den Keramikwerkstätten in Memphis gefertigt, schmückten die Einfassungen der Türen und Fenster des königlichen Palastes. Türkisfarbene Fliesen zierten auch den Boden der Audienzhalle, und Schutzgötter aus dem gleichen Material säumten die Rampen, über die man zu dem königlichen Baldachin gelangte. Ende 1997 legten die Hildesheimer Archäologen in Per-Ramses den Wohnbereich des Pharao frei, dessen Mittelpunkt ein über 180 Quadratmeter großer Saal mit vergoldetem Fußboden war.

Per-Ramses bezog im Süden Teile der Stadt Avaris in seine Stadtmauern mit ein und grenzte im Norden an die heutige Ortschaft Qantir. In der ganzen Stadt, in der auch Gärten mit Teichen und Haine mit Obstbäumen angelegt waren, standen Obelisken und Monumentalstatuen zu Ehren ihres Erbauers. Die Tempel der Stadt waren, so steht es in einem inzwischen entzifferten Papyrus zu lesen, u. a. den Göttern Amun-Re und Seth geweiht, denen auch Lehranstalten angeschlossen waren. War Ptah seit jeher der Schutzgott von Memphis und Amun seit dem Mittleren Reich der Hauptgott von Theben, so übernahm Seth diese Funktion für Per-Ramses. Auch die semitische Göttin Anat besaß in der Stadt ein Heiligtum. Bint-Anat hieß nach ihr eine der Töchter Ramses' II. Zusammen mit einer weiteren semitischen Göttin, der Göttin Astarte, gehörte Anat zu den Schutzgottheiten des Königs. Anat war vor allem eine Kriegsgöttin. Sie war sowohl Schwester als auch Gemahlin des semitischen Gottes Baal, der mit dem ägyptischen Gott Seth gleichgesetzt wurde.

An der Ostseite der königlichen Palastanlage, die durch einen Kanal mit dem Pelusischen Nilarm verbunden war, befanden sich Militärquartiere und Übungsplätze des Militärs. Dort wurde unter dem Grabungsleiter Edgar B. Pusch aus Hildesheim, der – mit rund 15.000 Quadratmetern –, größte und einzigste Pferdestall des östlichen Mittelmeerraumes jener Zeit ausgegraben. In ihm konnten, so schätzen die Hildesheimer Archäologen, etwa 500 Pferde untergebracht werden. Im Westen der Stadt standen die Villen der Würdenträger und Prinzen, während Handwerker, Beamte und Händler ihre Werkstätten und Wohnbezirke im Süden hatten. Bei ihren Ausgrabungen entdeckten die Archäologen aus Deutschland auch Werkstätten mit Schmelzöfen und Gussformen. Die Öfen hatten eine Länge von 15 Metern, und somit eine Kapazität, die beweist, dass dort die gesamte Bronze geschmolzen werden konnte, welche die Ägypter für die Waffen ihrer Streitkräfte benötigten.

Werfen wir einen Blick auf die geographische Lage der Stadt. Per-Ramses lag im nord-östlichen Deltagebiet, etwa 100 Kilometer Luftlinie vom heutigen Kairo entfernt, in einer strategisch äußerst günstigen Lage. Im Westen, wie oben beschrieben, am Pelusischen Nilarm angelegt, war die Stadt an den Fluss, und somit an das Mittelmeer angebunden. Davon profitierte vor allem der Handel. Vom Osten her lag Per-Ramses zwar noch im Kernland, aber doch nahe genug an den unruhigen Ostprovinzen, um dem Pharao dort jederzeit ein schnelles militärisches Eingreifen zu ermöglichen. Auch die Ernährung seiner Bewohner war durch das fruchtbare Nildelta in ausreichendem Maße gewährleistet.

Lange wurde gerätselt, warum so viele Gebäudeteile der Stadt Per-Ramses im 25 Kilometer entfernten Tanis auftauchten, welches dann – fälschlicherweise, wie wir mittlerweile wissen – für Per-Ramses gehalten wurde. Inzwischen glauben die Ägyptologen, darauf eine Antwort gefunden zu haben: Gegen Ende der schwachen 20. Dynastie, als das Land in ein politisches und wirtschaftliches Chaos versank, verlandete der Pelusische Nilarm, so dass er für die Schifffahrt – und damit auch als Handelsweg – für die Hauptstadt unbrauchbar wurde. Die Stadt des Ramses wurde daraufhin von den Herrschern der 21. Dynastie aufgegeben, die eine neue Stadt gründeten – Tanis. Aus ökonomischen Gründen wurden eine Vielzahl von Steinen und Statuen aus Per-Ramses mit in die neu gegründete Stadt genommen und zum dortigen Neuaufbau verwendet.

Ramses II. gilt als größter Bauherr Ägyptens. Auf Tempelinschriften und Kolossalstatuen, welche über das ganze Land verstreut sind, hat er sich selbst verherrlicht. Seine größte bauliche Leistung ist jedoch der Bau einer eigenen Residenzstadt – Per-Ramses.

---

3. Ramses II. gilt zwar allgemein als Bauherr von Per-Ramses, besiedelt wird der Platz jedoch schon in der 12. Dynastie unter Amenemhet I. und dessen Nachfolgern. Ab der späten 12. Dynastie siedeln sich hier Asiaten an, denen die Hyksos folgen. Nach der Vertreibung der Hyksos wird die Festung von Ahmose zerstört. In der 18. Dynastie beginnt man mit dem Bau eines Palastbezirkes. Danach ist sie Garnisonsstadt, die von König Haremhab zu einer Festung gegen die neue militärische Supermacht des Ostens – die Hethiter – ausgebaut wird. Unter Sethos I. wird die Palastanlage erweitert. Ramses II. bezieht diese Anlage später mit in Per-Ramses ein. Es darf darüber gerätselt werden, ob Sethos I. damit bereits den Grundstein für Per-Ramses als Residenzstadt legte oder nur eine Erweiterung seiner Vaterstadt Avaris plante. Zur endgültigen Größe, zu Macht und Einfluss kommt die Stadt aber erst unter Ramses II.

---

4. Kapitel:
Hirtenkönige regieren am Nil

In diesem Kapitel wollen wir kurz auf die Hyksos eingehen, welche über einen Zeitraum von etwa 100 Jahren über weite Teile Ägyptens herrschten. Von ihnen ist relativ wenig bekannt, da sie keine eigenen Aufzeichnungen hinterließen.

Die Pharaonengeschichte Ägyptens, so wie wir sie heute kennen, basiert hauptsächlich auf der Überlieferung von Manetho. Er war Hohepriester in Heliopolis und wurde von den frühen Ptolemäern (3. Jahrhundert v. Chr.) damit beauftragt, die Geschichte des Landes in griechischer Sprache niederzuschreiben, die mit dem legendären Menes beginnt. Die ursprüngliche Fassung Manethos – *„Aegyptiaka hypomnemata"* – existiert nicht mehr, aber der jüdische Historiker Flavius Josephus (37 bis etwa 100 n. Chr.) zitiert Auszüge daraus in seinem Werk *„Contra Apionem"*. Manetho schreibt in seinen Überlieferungen über die Hyksos, dass die Hirtenkönige, wie er sie nennt, marodierend durch das Land zogen, Städte niederbrannten und Tempelanlagen dem Erdboden gleichmachten. Die ägyptischen Führer wurden überwältigt, Frauen und Kinder in die Sklaverei verschleppt. Die Jünger des Seth gewannen die Oberhand über die Mächte der Ordnung.

Etwa 330 Jahre vor der Geburt Ramses' II. erlebt Ägypten somit erstmals in seiner Geschichte den Einfall einer fremden Macht. Der Einfall kommt aus dem Nordosten. Besonders betroffen davon ist das Deltagebiet im Norden des Reiches. Einhundert Jahre herrschen die Hirtenkönige über weite Teile Ägyptens, bevor sie von Ahmose vertrieben werden.

Ein Auslöser des Hykos-Einfalls war vermutlich der Vulkanausbruch von Thera – dem heutigen Santorin – zwischen 1623 und 1600 v. Chr. So alt ist ein Olivenzweig, der in der Vulkanasche gefunden wurde. Der verkohlte Ast steckte genau in jener losen Gesteinslage, die ein direktes Produkt des gewaltigen Vulkanausbruchs war. Nach einem ersten Datierungsversuch stand schnell fest, dass das schwarze Holz aus dem zweiten Jahrtausend vor unserer Zeitrechnung stammt – und dass der Baum, an dem es wuchs, damit als stiller Zeitzeuge für die Katastrophe von Thera in Frage kommt. Es gilt als erwiesen, dass es durch diesen gewaltigen Vulkanausbruch – verbunden mit riesigen Flutkatastrophen (Tsunamis) sowie Stein- und Ascheregen, welche ganze Gebiete des östlichen Mittelmeerraumes jahrelang unbewohnbar machten – zu einer Verschlechterung des Klimas im vorderasiatischen Raum kam, und dadurch auch zu einem Ausfall der Ernteerträge. Das Land konnte seine Bewohner nicht mehr ernähren. Selbst im ewigen Eis von Grönland wurden bei Bohrungen Aschereste des Vulkanausbruchs gefunden, da der Auswurf 15-20 Kilometer hoch in die Stratosphäre geschleudert wurde.

Eine Theorie besagt, dass die nun folgenden Hungersnöte eine Völkerwanderung in Vorderasien auslöste. Über die Gebiete des heutigen Syrien und Palästina sickerten Hirten- und Nomadenvölker – bei ihrer Suche nach neuen Weidegründen – in das ägyptische Deltagebiet ein. Ägypten war – bis in die Römerzeit hinein – die Kornkammer des Mittelmeerraumes.

Diese indo-germanischen Völkerschaften werden später von Manetho Hyksos genannt. Der Name Hyksos wird unterschiedlich interpretiert. So besagt Manethos Version, dass *hyk* „König" und *sos* „Hirte" bedeutet, also Königshirten oder Hirtenkönige. Eine andere Variante übersetzt das Wort Hyksos als „Herrscher des Hügellandes". Dieser Ausdruck war seit dem Mittleren Reich für Beduinen-Scheichs gebräuchlich. In den – während der 12. Dynastie entstandenen – Fürstengräbern von Beni Hassan sind semitische Handelskarawanen dargestellt, die als *hekau-chasut* „Herrscher der Fremdländer" bezeichnet werden.

Der Einfluss der Hyksos, die sich in Avaris niedergelassen haben und von dort aus regieren, reicht vom Deltagebiet bis hinunter nach Theben. Sie lassen jedoch in Mittel- und Oberägypten unabhängige Stadtkönigtümer zu, welche der 16. Dynastie zugerechnet werden. Obwohl die Kultur der Hyksos nicht so hochstehend ist wie ägyptische, führen sie etliche Neuerungen aus dem kleinasiatischen Raum in Ägypten ein. Hervorzuheben ist hier vor allem der senkrechte Webstuhl. Auch ein weiter entwickelter Bronzeguss, und eine damit verbesserte Waffentechnik, werden von ihnen eingeführt. Das wichtigste jedoch, was von den Hyksos aus Kleinasien mitgebracht wird, ist der mit Pferden bespannte Streitwagen. Damit sind sie den Ägyptern auf militärischem Gebiet überlegen.

Die Hyksos werden in die Großen und die Kleinen Hyksos unterteilt. Die Großen Hyksos, die in Unterägypten regieren, werden der 15. Dynastie zugeordnet. Ihr bedeutendster Herrscher, der etwa 40 Jahre lang über das Deltagebiet herrscht, trägt den Namen Apopi. In Avaris errichten die Hyksos Tempel für ihre semitischen Götter. Ihr Hauptgott Sutech ähnelt dem ägyptischen Gott Seth. Dieser Seth gilt in der ägyptischen Mythologie als Mörder seines Bruders Osiris und wird deshalb während der 18. Dynastie verfemt. Doch dazu später mehr.

Außer einigen Festungsanlagen, die man vor allem in Unterägypten findet, sind keine größeren Bauwerke der Hyksos bekannt. Sphingen, Stelen und Statuen der Pharaonen aus dem Mittleren Reich werden von ihnen vereinnahmt.

Parallel zu den Hyksos-Herrschern regieren in Theben unabhängige Stadtfürsten, die man der 17. Dynastie zurechnet. Der Stadtfürst von Theben, Sekenen-Re, lässt sich zum König ausrufen und nimmt den Kampf gegen den in Avaris herrschenden Hyksos-König Apopi auf.

In einer Handschrift der 19. Dynastie – dem „*Papyrus Sallier*" – wird der Ausgangspunkt dieser Auseinandersetzung zwischen Sekenen-Re und Apopi legendenhaft geschildert. Danach hält sich der Stadtfürst von Theben Nilpferde, die in einem künstlichen See im Osten der Stadt untergebracht sind. Die Tiere sind heilig, gelten sie doch als Fruchtbarkeitssymbole der Thebaner. Der Hyksos-König Apopi sendet einen Boten zu

Sekenen-Re, um ihm ausrichten zu lassen, dass er, Apopi, bei dem Gebrüll der Nilpferde nachts nicht schlafen könne. Sekenen-Re möge daher die Tiere töten lassen. Der Fürst von Theben traut seinen Ohren nicht. Die Stadt des Hyksos-Herrschers liegt etwa sechshundert Kilometer nördlich von Theben. Sekenen-Re ruft die wichtigsten Männer der Stadt zusammen und berichtet ihnen von dem dreisten Begehren des Hyksos-Herrschers. Zunächst schweigen die Männer ...

Hier bricht der Papyrus ab. Aus der geschichtlichen Entwicklung heraus lässt sich jedoch schließen, dass auch die anderen Männer über die absurden Forderungen des Hyksos-Herrschers so entzürnt sind, dass es zu einem Aufstand gegen die Besatzer aus dem Norden kommt, bei dem Sekenen-Re sein Leben verliert.

Der älteste Sohn Sekenen-Res, Kamose, setzt mit anderen Fürsten aus Ober- und Mittelägypten den Befreiungskampf seines Vaters fort. Kamose erobert dabei die südlichste Festung der Hyksos, Hermopolis. Zielstrebig stößt er vom Süden her weiter ins Deltagebiet vor, kann jedoch Avaris nicht erobern, da ihm die Hyksos mit ihren Streitwagen überlegen sind. Auch Kamose fällt im Kampf gegen die Hyksos. Ahmose, ein weiterer Sohn Sekenen-Res, führt den Kampf seiner Familie gegen die Hyksos fort. Boten des Hyksos-Herrschers, die nach Süden unterwegs sind, um unter den nubischen Stämmen Verbündete gegen das thebanische Herrscherhaus zu gewinnen, kann er durch glückliche Umstände abfangen. Mit Hilfe der Flotte, die den Nil hinabfährt, gelingt es Ahmose die alte Hauptstadt Memphis zurück zu erobern. Nach längerer Belagerung fällt schließlich auch die Residenz der Hyksos, Avaris, in seine Hände. Die Hyksos, unter ihrem letzten Herrscher Chalmudi, werden aus Ägypten vertrieben und bis nach Palästina hinein verfolgt. Die letzte Bastion der Hyksos – Scharuhen, in der Nähe von Gaza – wird von den ägyptischen Truppen nach dreijähriger Belagerung eingenommen. Die Stadt wird anschließend geplündert und bis auf die Grundmauern niedergebrannt.

4. Erstmals in seiner Geschichte wird Ägypten von Fremdherrschern regiert – den Hyksos. Sie bringen aus Asien u. a. Pferd und Streitwagen mit nach Ägypten. Ihr Hauptgott Sutech gleicht dem ägyptischen Seth. Die Residenzstadt der Hyksos ist Avaris. Nach 100-jähriger Herrschaft werden sie wieder aus Ägypten vertrieben.

5. Kapitel:
Kriegsherr und Friedensfürst

Als Ramses I. nach nur zweijähriger Regierungszeit stirbt, geht die Krone des Reiches auf seinen Sohn Sethos I. (reg. 1290-1279 v. Chr.) über. Sethos I. bricht mit seiner Armee sogleich zu seinem ersten Asien-Feldzug auf. Ausgangspunkt des Feldzuges ist die Festung Sile. Mit seinen vier Divisionen, die nach den ägyptischen Göttern Amun, Re, Ptah und Seth benannt sind, durchquert er den Sinai. Während des Feldzuges muss sich der König noch mit den – auf der Halbinsel herumstreifenden – rebellischen Schasu-Beduinen herumschlagen. Am Ende dieses ersten Feldzuges hat er die Stadt Gaza erobert. In einem weiteren Feldzug gelingt es ihm schließlich, die Stadtfestung Kadesch zu erobern. Die in der Provinz Amurru gelegene Stadt ist schon seit der 18. Dynastie Streitpunkt zwischen den beiden Großreichen der Ägypter und Hethiter. Nachdem Sethos I. aus der eroberten Stadt abgezogen ist, schlägt sich der Fürst von Amurru jedoch wieder auf die Seite der Hethiter. Die Kriegszüge Sethos' I. in Vorderasien sind ebenso auf der Nordwand des Großen Säulensaals von Karnak dargestellt, wie die triumphale Rückkehr des Königs.

Auch im Nordwesten des Reiches muss der Pharao militärisch eingreifen. Dort bezwingt er Berber und Libyer, welche das Deltagebiet bedrohen. An diesem Feldzug gegen die Libyer nimmt auch der Prinzregent Ramses teil. Ein Bildrelief im Tempel von Abu Simbel zeigt den jungen Ramses, wie er einen Libyer niederstreckt. In seinem 9. Regierungsjahr schlägt Sethos I., zusammen mit dem Vizekönig von Kusch, einen Aufstand in Nubien nieder. Hier wird der Kronprinz Ramses in einer Tempelinschrift als Oberkommandierender der Streitkräfte erwähnt, der persönlich die Streitwagen des Pharao anführt. Ramses ist auch an einer Expedition gegen Piraten – in altägyptischen Quellen „Scharden" genannt – beteiligt, die vom Mittelmeer her das Deltagebiet bedrohen. Auch diese werden vom designierten Thronfolger besiegt.

Als Sethos I. 1279 v. Chr. stirbt, hinterlässt er seinem 25-jährigen Sohn und Nachfolger ein Reich, das sich – an die glanzvolle Zeit Thutmosis' III. anknüpfend – von Vorderasien bis nach Nubien erstreckt.

Doch der Friede währt nicht lange. Bereits in seinem vierten Regierungsjahr bricht Ramses II. mit seiner Armee erneut zu einem Kriegszug auf. Ziel sind wiederum die nordöstlichen Provinzen, insbesondere die Provinz Amurru. Er zieht über Tyros und Byblos an der Mittelmeerküste entlang und stößt von dort aus ins Landesinnere vor. Angesichts der gewaltigen Streitmacht der Ägypter muss Amurrus Herrscher Benteschina dem Pharao erneut Tribut zollen. Kaum ist Ramses II. jedoch mit seiner Armee wieder abgezogen, wechselt Benteschina, wie zuvor schon unter Sethos I., die Fronten. Ramses, der um die ägyptische Vorherrschaft in dieser Region fürchtet, ruft deshalb erneut zu den Waffen. Angesichts dieser ägyptischen Provokation bleibt dem Hethiterkönig Muwatallis nichts anderes übrig, als ebenfalls militärisch zu reagieren. Zusammen mit seinen Verbündeten setzt der hethitische Herrscher eine Armee mit 37.000 Soldaten und 2500 Streitwagen gegen Ramses II. in Bewegung. Wurden die militärischen Konflikte zwischen Hethitern und Ägyptern bisher auf dem Rücken ihrer Vasallen ausgetragen, so ist jetzt eine direkte Konfrontation zwischen den beiden Großmächten unvermeidlich geworden.

Im darauf folgenden Jahr (1274 v. Chr.) soll es zur berühmtesten Schlacht der altägyptischen Geschichte kommen. Im Frühjahr seines fünften Regierungsjahres zieht Ramses II. mit seiner Streitmacht der hethitischen Armee entgegen. Das ägyptische Heer besteht aus vier Divisionen, welche die Namen der Hauptgötter des Landes tragen. Die Division des Ptah hat ihre Kasernen in Memphis, die des Re in der Sonnenstadt On. Die unter Sethos I. erstmals benannte Division des Seth ist in Per-Ramses stationiert und die des Amun in der Stadt Amuns, Theben. Jede dieser vier ägyptischen Divisionen umfasst etwa 5000 Soldaten. Dieses 20.000 Mann starke Heer wird noch von einer Abteilung Elite-Soldaten verstärkt, die in ägyptischen Inschriften als *Naruna* bezeichnet werden. Diese *Naruna*-Truppe setzte sich vermutlich aus semitischen Söldnern zusammen.

Die ägyptischen Divisionen werden von Lasttieren und Ochsenkarren begleitet, die Zelte, Waffen und den notwendigen Proviant geladen haben. Zu dem Tross gehören u. a. auch Verwaltungsbeamte, Schreiber, Priester, Ingenieure, Köche, Handwerker, Diener sowie Mitglieder der königlichen Familie, darunter auch die Söhne Ramses' II.

Der Verlauf der Schlacht ist durch verschiedene Aufzeichnungen in Ägypten dokumentiert. Am bekanntesten sind die Darstellungen an den Tempelwänden von Abu Simbel, Luxor, Abydos und im Ramesseum.

Als Ramses II. mit seinem Heer nach Norden aufbricht, *„zittern alle fremden Länder vor ihm, und ihre Herrscher zollen ihm Tribut, und alle Aufständischen bezeigen seiner Majestät aus Furcht vor seiner Macht ihre Ehrerbietung"*. Der Pharao persönlich führt die Hauptstreitmacht mit den 4 Divisionen von Gaza aus auf direktem Weg gegen die Hethiter. Die *Naruna*-Truppe dagegen marschiert die Küste entlang. Von dort aus sollen die Elite-Soldaten später ins Landesinnere vorstoßen, um sich mit dem Haupteer zu vereinigen. Ramses II. zieht mit seinen 4 Divisionen unbeirrt Richtung Kadesch, ohne jedoch konkret zu wissen, wo sich die Armee des Gegners befindet. Als sich Ramses der Stadt bis auf wenige Kilometer genähert hat, fallen seiner Vorhut zwei Schasu-Beduinen in die Hände. Sie werden unverzüglich zum Pharao geführt, und von diesem über die Truppenbewegungen des Feindes ausgefragt. Der glaubt ihnen nur zu gern, als er vernimmt, dass sich der Feind aus Angst vor den Ägyptern 200 Kilometer weit nach Norden – in das Gebiet um Aleppo – zurückgezogen habe. Ramses jubelt, damit wäre ihm die Stadt Kadesch fast schutzlos ausgeliefert.

Ramses II. setzt sich sofort mit der Division des Amun in Bewegung um die Stadt zu belagern. Er durchquert eine Furt am Orontes, der die Festung von drei Seiten umgibt, und führt seine Division in einem Eilmarsch bis in die Ebene vor Kadesch. Die anderen drei Divisionen folgen ihm in einem Abstand von jeweils 10 Kilometern nach. Die Division des Amun ist bereits damit beschäftigt, auf einer Anhöhe nordwestlich von

Kadesch ihr Lager aufzuschlagen, als einer ägyptischen Patrouille hethitische Kundschafter in die Hände fallen. Unter Folter gestehen die Gefangenen, dass sich ihre Armee in weniger als drei Kilometer Entfernung zum Angriff bereit macht. Ramses II. ist auf eine List des hethitischen Herrschers hereingefallen. Die beiden – am Vortag aufgegriffenen – Beduinen waren Spione Muwatallis's. Sie sollten den Pharao mit ihren falschen Informationen in Sicherheit wiegen, was ihnen ja auch gelang. Sofort beruft Ramses den Kriegsrat ein und entsendet zugleich Boten und seinen Wesir zu den zurückgebliebenen drei Divisionen, um diese zu warnen und zur Eile zu drängen. Die Familie des Königs wird indessen an einen sicheren Ort gebracht.

Doch es ist bereits zu spät. Die zweitausendfünfhundert hethitische Streitwagen, die man etwa 200 Kilometer entfernt vermutet hatte, durchqueren soeben den Orontes und fallen – wie ein Rudel Wölfe in eine Schafherde – in die unvorbereitete Division des Re ein. Die sich im Anmarsch befindliche Division flüchtet kopflos Richtung Norden. Auch das Lager des Pharao, und mit ihm die Division des Amun, wird von den Hethitern in einem, für die Ägypter, anscheinend aussichtslosen Kampf bedrängt. Eine Katastrophe scheint sich für Ramses II. und seine Armee anzubahnen, zumal Muwatallis seine zehntausend Fußsoldaten noch nicht in den Kampf geworfen hat. Die anrückenden Divisionen des Ptah und Seth sind noch zu weit entfernt, um in das Kampfgeschehen eingreifen zu können.

Ramses II. fleht zu den Göttern – insbesondere zu Amun, unter dessen Banner seine Division steht, und zu Month, dem ägyptischen Gott des Krieges –, ihm in dieser nahezu aussichtslosen und verzweifelten Lage beizustehen. Der Pharao, auf sich allein gestellt – so lässt er es zumindest später auf ägyptischen Tempelwänden propagieren –, wirft all seinen persönlichen Mut in die Waagschale, sammelt seine Leibgarde sowie seinen Schildträger Menna um sich, lässt die Pferde anspannen, springt auf seinen Streitwagen und stürzt sich selbstlos in das Kampfgetümmel.

Die Hethiter, vom persönlichen Eingreifen des Pharao überrascht, weichen zunächst erschrocken zurück. Insgesamt sechsmal geht Ramses zum Gegenangriff über. Doch die Schlacht ist noch längst nicht geschlagen, da sich die hethitischen Streitwagen immer wieder zu wütenden Gegenattacken formieren. Da kommt die *Naruna*-Truppe, die Ramses der Küste entlang geschickt hat, dem Pharao rechtzeitig zu Hilfe. Die Streitwagen der Hethiter sind nun zwischen den beiden ägyptischen Truppenteilen eingekeilt. Ihnen bleibt nur der eilige, ungeordnete, Rückzug über den Orontes, bei dem viele Soldaten in den Fluten des Flusses umkommen, unter ihnen Muwatallis's Bruder Patjar. Unverständlich erscheint, dass der hethitische Herrscher in dieser Situation nicht seine in Reserve stehenden Fußsoldaten in den Kampf eingreifen lässt und ziemlich kopflos reagiert. Wahrscheinlich ist, dass Muwatallis vom persönlichen Eingreifen Ramses' II. überrascht und beeindruckt ist. Zwischenzeitlich ist auch die Division des Ptah bei Kadesch eingetroffen.

Muwatallis zieht sich mit seinen Truppen zurück. Am nächsten Tag schickt der hethitische König – nach ägyptischer Version – Unterhändler zu Ramses II., um diesem ein Waffenstillstandsangebot zu unterbreiten. Ramses II. und seine Generäle nehmen das Angebot an, da es ihnen unmöglich erscheint, die stark befestigte Festung Kadesch einzunehmen.

Fakt ist: Wären die beiden großen Armeen in einer erneuten Schlacht aufeinander getroffen, hätte es wohl keinen Sieger gegeben. Beide Armeen wären vernichtet worden, eventuell sogar beide Reiche.

Die Schlacht von Kadesch war vor allem eine Schlacht der Streitwagentruppen. Wie auf einem Siegesrelief von Abu Simbel zu sehen, sind die leichten ägyptischen Streitwagen mit 2 Kriegern bemannt, einem Lenker, und einem mit Pfeil und Bogen sowie Wurfspeeren bewaffneten Krieger. Die hethitischen Streitwagen sind dagegen massiver gebaut und waren neben dem Lenker noch mit einem Schildträger und einem Speerwerfer ausgerüstet.

Dass die Hethiter – nach ägyptischer Version – als erste um einen Waffenstillstand bitten, nutzt Ramses II. später zu seinen Gunsten aus, indem er die Schlacht bei Kadesch auf den Tempelwänden als großen Sieg für sich verbuchen lässt. Eine Fake-News älteren Datums. Aber auch das Versagen der eigenen Truppenteile wird in Tempelinschriften festgehalten. Ramses tobt: *„Keiner von euch war da, nicht ein Mann hob seine Hand, um mir in meinem Kampfe beizustehen. Ich werde keinen von euch belohnen, da ihr mich verließet, als ich allein inmitten meiner Feinde stand."*

Ramses II. erschlägt seine Feinde
(Abu Simbel)

Lobend erwähnt wird dagegen sein Schildträger Menna und die tapferen Pferde seines Wagengespannes „Sieg-in-Theben" und „Mut-ist-zufrieden". Den Pferden verspricht er, sich um sie zu kümmern und bei ihrer täglichen Fütterung anwesend zu sein. Ein in der Nekropole von Sakkara gefundener Ring des Königs bestätigt seine Verehrung für die beiden Pferde. Den Ring schmücken zwei etwa 8 Millimeter kleine Figuren der Pferde.

Trotzdem ist die Schlacht von Kadesch außenpolitisch eine Niederlage für den Pharao. Die umstrittene Provinz Amurru fällt ebenso an die Hethiter wie die Provinz Upe – das Gebiet um Damaskus. Einzig der Zugang zu den syrischen Mittelmeerhäfen bleibt ihm erhalten.

Doch bereits drei Jahre später ist Ramses II. mit seiner Armee wieder in den Ostprovinzen unterwegs. Er stößt dabei über Tyros, Sidon und Byblos erneut bis zum Orontes vor, vermeidet es aber diesmal Kadesch anzugreifen. Bei diesem Feldzug gelingt es ihm, die verlorene Provinz Upe zurück zu gewinnen. Die Hethiter greifen – bedingt durch innenpolitische Zwistigkeiten – diesmal nicht ein.

Muwatallis ist inzwischen verstorben und sein Sohn Mursili III. hat die Thronfolge angetreten. Doch dieser wird schon nach kurzer Zeit von seinem Onkel Hattusili III. entthront und geht zunächst nach Zypern ins Exil, bevor er am ägyptischen Hof aufgenommen wird. Die verweigerte Auslieferung Mursilis führt zu einer erneuten Kriegsgefahr zwischen den beiden Ländern. Da das hethitische Reich jedoch zur gleichen Zeit an seiner Ostflanke von den Assyrern bedroht wird und sich Hattusili III. einen Zweifrontenkrieg nicht leisten kann, bietet er Ramses II. – 16 Jahre nach Kadesch –, im 21. Regierungsjahr des ägyptischen Herrschers, einen Friedensvertrag an.

Diesen Friedensvertrag lässt Ramses II. auch in die Wände des Tempels von Karnak und ins Ramesseum meißeln. Darin verzichtet Ägypten endgültig auf die Provinz Amurru und die Stadt Kadesch. Im Gegenzug wird ihnen die Kontrolle über die Gebiete des östlichen Mittelmeerraumes zugesprochen, sowie freien Zugang zu den Häfen im Norden des heutigen Syriens gewährt. Die beiden Länder einigen sich auf einen Nichtangriffspakt und verpflichten sich, im Falle eines Angriffs durch einen Dritten, einander gegenseitig beizustehen. In dem Vertrag ist auch der Austausch von Kriegsgefangenen vereinbart.

Der Friedensvertrag, wurde im Original jeweils auf – heute nicht mehr existierenden – Silbertafeln festgehalten. Er ist der bisher älteste erhaltene bilaterale Staatsvertrag der Menschheitsgeschichte. Das Faksimile einer hethitischen Abschrift hängt heute im UN-Hauptgebäude in New York – als frühestes Zeugnis für das Bemühen, zwischenstaatliche Beziehungen vertraglich zu regeln.

2003 findet der Hildesheimer Archäologe Edgar B. Pusch bei seinen Ausgrabungen in Per-Ramses einen 5 mal 5 Zentimeter großen Splitter einer Keilschrifttafel. Auf dem Täfelchen, dessen Satzbeginn und -ende fehlen, stehen elf Zeilen in babylonischer Keilschrift – der damals offiziellen Diplomatensprache. Acht der Zeilen sind gut erhalten. Schlüsselwörter wie „König" oder „Herrscher der beiden Länder" oder das Ende des Namens von Ramses weisen klar in Richtung Ramses' II. Der Kontext der Tafel deutet nach den Worten von Pusch auf den bekannten Friedensvertrag zwischen den beiden Großmächten hin. Bis zur Entdeckung des Keilschriftfragmentes in Per-Ramses galt das Keilschriftarchiv von Ramses II. als Phantom. Viele Experten glaubten, dass es entweder beim Umzug nach Tanis mitgenommen wurde oder im Nilschlamm der Jahrtausende verwitterte. „Ein Fragment macht noch kein Archiv", sagt Pusch. „Aber die Wahrscheinlichkeit, dass man noch mehr findet, ist gestiegen."

Die friedvollen Beziehungen zwischen den beiden Großmächten werden im vierunddreißigsten Regierungsjahr Ramses' II. durch eine Heirat zwischen den beiden Herrscherhäusern untermauert. Ramses II. heiratet Hattusilis Tochter Sauskanu. In Ägypten trägt sie den Namen Maat-Hor-Neferu-Re. Sie zieht mit großem Gefolge in Per-Ramses ein. Anders als die Töchter verschiedener Provinzfürsten, die nach ihrer Verheiratung mit Ramses II. in den Harems des Pharaos verschwinden, bekommt die hethitische Prinzessin den Rang einer Hauptfrau des ägyptischen Herrschers. Ziemlich genau neun Monate nach der Hochzeit wird das Enkelkind des Hethiterkönigs geboren. Wie Hattusili sarkastisch bemerkt, ist es leider kein Junge geworden. Das Mädchen bekommt den Namen Neferu-Re. Auch der hethitische Kronprinz, der spätere König Tudchalija IV., besucht den Pharao in Per-Ramses. Eine Einladung Ramses' II. an Hattusili III., ebenfalls auf einen Besuch nach Per-Ramses zu kommen, lehnt dieser unter dem diplomatischen Vorwand ab, er habe brennende Füße und könne deshalb solche Reisestrapazen nicht auf sich nehmen. Am Ende seines vierzigsten Regierungsjahres, inzwischen 66 Jahre alt, heiratet Ramses II. eine weitere Hethiterprinzessin, deren Name jedoch nicht überliefert ist.

Mit dem Friedensvertrag zwischen den beiden Großreichen geht unter Ramses II. eine über 200 Jahre während Erzfeindschaft zu Ende. Neben den großflächigen Darstellungen um die „siegreiche" Schlacht von Kadesch, die wohl von Ramses II. in den ersten Jahren nach der Schlacht in Auftrag gegeben wurden, lässt Ramses II. auch ein Mahnmal für den Frieden errichten: Es handelt sich um eine – wenig bekannte – Bildszene, die sich an einer Außenwand des Luxor-Tempels befindet. Dargestellt ist eine total verwüstete Landschaft. Auf einem Hügel befindet sich eine zerstörte Stadt mit offenen und umgestürzten Toren. Davor breitet sich eine völlig zerstörte Ebene, mit entwurzelten Bäumen und Sträuchern, aus. Kein Tier, kein Mensch ist zu sehen, nirgends regt sich Leben. Das Bild verdeutlicht auch heute noch – nach über 3000 Jahren – die Sinnlosigkeit und die trostlosen Folgen eines Krieges.

Machen wir jetzt einen kurzen Ausflug in die hethitische Geschichte und in seine Hauptstadt, nach Hattuscha.

Die Ägypter nannten die Hethiter die „Elenden von Hatti". In der hebräischen Bibel wird ein Stamm namens „Hittim" erwähnt, was Martin Luther mit „Hethiter" übersetzte.

Um 1600 v. Chr. gelingt es einem lokalen Herrscher namens Tabarna ausgedehnte Landstriche Zentralanatoliens unter seine Herrschaft zu bringen. Da Kussara, die Hauptstadt seines Reiches zu nahe am mitannischen Hoheitsgebiet liegt, verlegt er die Residenz in das zu jener Zeit verlassene Hattuscha. Fortan nennt er sich Hattusili (Herr von Hattuscha). Zu Beginn seiner Herrschaft dehnt Hattusili seinen Machtbereich vor allem nach Norden, zum Schwarzen Meer, hin aus. Bei einem Feldzug in das heutige Syrien, bringt er einige Hafenstädte unter seine Kontrolle. Sein Enkel und Nachfolger Mursili erobert Aleppo und zerschlägt 1531 v. Chr. in Babylon die Dynastie der Hammurabis. Mit der Kontrolle über die nordsyrischen Hafenstädte, der Unterwerfung des Mitanni-Reiches und der Auslöschung Babylons ist neben Ägypten ein neues Großreich entstanden. Damit beginnt eine jahrelange Konfrontation der beiden Großmächte.

Bereits 1834 werden von dem französischen Archäologen und Architekten Charles Félix-Marie Texier in dem Gebiet des heutigen Bogazköy, etwa 160 Kilometer Luftlinie östlich von Ankara gelegen, Ausgrabungen vorgenommen. Er ahnt jedoch nicht, dass er hier auf die Hauptstadt des ehemaligen Hethiterreiches gestoßen ist. Er nimmt an, dass es sich bei seiner Entdeckung um das medische Pteria handelt.

Erst 1906 beginnt man im Namen des Osmanischen Museums von Istanbul mit größeren Grabungen, bei denen man u. a. zahlreiche Keilschrifttafeln entdeckt. Mit von der Partie ist der Berliner Philologe Hugo Winckler, der sich mit der Entzifferung dieser Tafeln beschäftigt. Im August des Jahres 1906 wird die größte der bis dahin entdeckten 10.000 Schrifttafeln ausgegraben. Winckler erkennt, dass es sich hierbei um Teile des Friedensvertrages zwischen Hattusili III. und Ramses II. handelt. Dieser Vertrag war den Archäologen bisher nur von den Tempelwänden aus

Ägypten bekannt. Bei den Tontafeln aus Bogazköy handelt es sich, davon sind die Wissenschaftler inzwischen überzeugt, um Abschriften jener Silbertafel, welche Ramses einst an den hethitischen Herrscher schicken ließ. Inzwischen wurden in Hattuscha über 30.000 Tontafeln und Tontafelfragmente in Keilschrift entdeckt. Bei nahezu zwei Dritteln dieser Texte handelt es um religiöse Aufzeichnungen. Die anderen Tafeln aus dem Archiv befassen sich u. a. mit der Heirat Ramses' II. mit der hethitischen Prinzessin und dem Besuch des hethitischen Kronprinzen in Per-Ramses. Auch ein Ersuchen des Hethiterkönigs um ärztliche Hilfe für eine seiner Schwestern, die kinderlos geblieben war, wurde im Archiv des anatolischen Hochlandes entdeckt.

Eine Stele, die um 500 v. Chr. von Priestern des Chons-Tempels in Karnak angefertigt wurde, erzählt eine ähnliche – etwas abgewandelte – Geschichte: Ein Bote des hethitischen Herrschers sucht demnach den Pharao auf, der sich zu dieser Zeit in Theben aufhält. Nachdem er seine Geschenke abgeliefert hat, bringt er im Auftrag seines Königs eine Bitte vor. Eine der Töchter Hattusili's III. – eine Schwester Maat-Hor-Neferu-Re's – habe eine schwere Krankheit ergriffen. Da Ägypten berühmte Ärzte habe, möge der Pharao einen dieser Ärzte nach Hattuscha schicken, um die kranke Prinzessin von ihrem Leiden zu befreien. Ramses II. gibt dem Boten seinen besten Arzt mit in die hethitische Hauptstadt. Nach drei Jahren kommt der Arzt unverrichteter Dinge zurück. Die Prinzessin Bentresch sei, so berichtet er, von einem bösen Geist besessen, und nur die Götter könnten ihr noch helfen. Ramses II. begibt sich in den Tempel des Mond- und Falkengottes Chons um diesen um Beistand zu bitten und um Rat zu fragen. Der Falkengott empfiehlt dem Pharao, eine Chons-Statue nach Hattuscha zu schicken. Die vergoldete Statue kommt auch nach einer langen Reise von einem Jahr und fünf Monaten in der hethitischen Hauptstadt an. Dort wird ihr ein triumphaler Empfang bereitet. Als das Götterbild zur Prinzessin gebracht wird, weicht der böse Geist von ihr und sie ist von ihrem Leiden befreit. Hattusili ist von der Heilkunst der Chons-Statue so beeindruckt, dass er sie nicht mehr zurückgibt und ihr in Hattuscha einen eigenen Tempel errichtet. Drei Jahre und neun Monate hält er die Statue zurück. Dann träumt er eines Nachts, dass der ägyptische Gott Chons sich als goldener Falke aus seinem Tempel in Hattuscha erhebt, auf ihn hinunterstößt, um dann in Richtung Ägypten davon zu fliegen. Darin sieht Hattusili ein Omen, und er lässt die Statue, von vielen kostbaren Geschenken begleitet, zurück nach Ägypten bringen.

Ausgrabungen in der ehemaligen hethitischen Hauptstadt haben ergeben, dass die Stadt mit einer Grundfläche von fast zwei Quadratkilometern eine der größten Siedlungen der damaligen Zeit war. In die Stadtmauer von Hattuscha waren monumentale Tore eingelassen, die teilweise von Sphingen, Löwen und Götterfiguren flankiert wurden. Diese Stadttore dienten den Hethitern vermutlich auch als Prozessionstore bei festlichen Umzügen. In den ausgegrabenen Tempeln und Palastanlagen der Stadt fand man Innenhöfe und Pfeilerhallen. Die Unterstadt war mit riesigen Magazinen ausgestattet. Sie wurden zur Lagerung der Einkünfte genutzt, welche sich aus Pfründen und Tributzahlungen zusammensetzten. In der Stadt dürften in ihrer Blütezeit über 50.000 Menschen gelebt haben.

Hattuscha wurde 1986 in die Liste des Weltkulturerbes der UNESCO aufgenommen. 2001 wurden die Keilschrifttafelarchive, die heute in den Museen von Istanbul und Ankara aufbewahrt werden, in die UNESCO-Liste „*Memory of the World*" (Weltdokumentenerbe) aufgenommen.

Der Friedensvertrag zwischen den beiden Ländern hat so lange Bestand, bis das Hethiterreich im 11. Jahrhundert v. Chr. unter der Regierung Schuppiluliumas II. – durch den Einfall der Seevölker und innere Machtkämpfe – zerfällt.

Zum Abschluss des Kapitels wieder zurück nach Ägypten. An der Nordwestgrenze des Reiches lässt Ramses II. Festungsanlagen errichten, um so den Einfall der Libyer ins Deltagebiet einzudämmen. Die Städte an den Küstenstreifen des Mittelmeeres werden gegen die Bedrohung der

Seevölker ausgebaut, die, aus dem östlichen Mittelmeerraum kommend, die Einflussbereiche der beiden Großmächte bedrohen. Hier hilft Ramses seinem Waffenbruder Hattusili beim Aufbau einer hethitischen Flotte gegen den gemeinsamen Feind.

Im Süden macht Ramses II. bei einem Feldzug nach Nubien in seinem 21. Regierungsjahr 7000 Gefangene. Der Vizekönig von Kusch, Setau, unternimmt im 44. Jahr der Regierung Ramses' II. in dessen Namen nochmals einen kleineren Feldzug in Nubien, wo er einen Aufstand niederschlägt. Ansonsten ist die Lage in der südlichen Provinz relativ ruhig.

Sind die ersten beiden Jahrzehnte der Regierung Ramses' II. von Kriegszügen geprägt, so hat er seinem Land – abgesehen von den beiden Feldzügen nach Nubien – einen über 40 Jahre lang währenden Frieden gebracht. Dieser Friedenspolitik ist es mit zu verdanken, dass in Ägypten in jener Zeit wirtschaftlicher Wohlstand herrscht und Ramses II. die Mittel zu Verfügung stehen um seine gigantischen Bauprojekte zu verwirklichen.

Die Friedens- und Baupolitik Ramses' II. wirkt noch bis in die heutige Zeit hinein. Neben den Pyramiden von Gizeh und dem Ägyptischen Museum in Kairo – mit den kostbaren Grabbeigaben Tut-ench-Amuns –, sind es vor allem die 3200 Jahre alten kolossalen Tempelbauten Ramses' II. die als Publikumsmagnete noch heute ausländische Touristen anziehen, welche dem Land wichtige Devisen bringen.

5. Mit den Divisionen der Götter Amun, Re, Ptah und Seth zieht Ramses II. 1274 v. Chr. in die Schlacht bei Kadesch. Er verliert dabei zwei Provinzen. 16 Jahre nach der Schlacht von Kadesch kommt es zu einem Friedensvertrag zwischen Ägyptern und Hethitern, dessen Textfragmente sich sowohl in Ägypten als auch in der heutigen Türkei erhalten haben. Von kleineren Feldzügen abgesehen, herrscht in Ägypten ein 40 Jahre lang anhaltender Friede.

Würden sich heutzutage zwei Erzfeinde nach über 200 Jahren kriegerischen Auseinandersetzungen versöhnen, beiden wäre wohl der Friedensnobelpreis sicher.

6. Kapitel:
Gott unter Göttern

„Horus, starker Stier, geliebt von Maat
Der, der beiden Herrinnen, Beschützer Ägyptens,
Bezwinger der Fremdländer
Goldhorus, reich an Jahren, groß an Siegen
König von Ober- und Unterägypten User-Maat-Re
Sohn des Re, Ramses, Geliebt von Amun.“

Kartusche Ramses II.

So lauten die Namen und Titel, welche Ramses II. bei seiner Krönung angenommen hat. Später legt er sich noch einen weiteren Titel zu: *„Setepen-Re",* was so viel bedeutet wie *„Erwählt von Re".* Damit ist er der Herrscher über das Land und über alles, was darin keucht und fleucht. Denn der Pharao ist von der Überlieferung her die Inkarnation des Gottes Horus. Erst mit seinem Tod wird der Pharao zum Osiris, wo er zum Herrscher des Totenreiches wird. So sieht es zumindest theoretisch aus.

Doch die Praxis sieht oft anders aus, besonderes in Theben. Hauptgott im ägyptischen Götterhimmel zur Zeit Ramses' II. ist ohne Zweifel Amun. Obwohl schon in den Pyramidentexten erwähnt, taucht Amun erst während der 11. Dynastie unter Mentuhotep II. als Lokalgott von Theben auf. Zusammen mit dem Sonnengott Re, der schon seit frühester Zeit eine eigene Kultstätte im heiligen Ort On (griechisch: Heliopolis = Sonnenstadt) besitzt, verschmilzt Amun im Mittleren Reich zu Amun-Re. Als lokale Gottheit von Theben erlangt Amun-Re unter den Pharaonen der 18. Dynastie seine Bedeutung als Reichsgott über ganz Ägypten. Fast sämtliche Tempel die während der 18. Dynastie gebaut werden – siehe auch im 1. Kapitel – sind, zumindest teilweise, Amun geweiht.

Abgesehen von der kurzen Unterbrechung unter Echnaton beherrsch Amun den ägyptischen Götterhimmel bis in die Spätzeit hinein. Während der Ptolemäerherrschaft wird Amun (Ammon) mit dem griechischen Göttervater Zeus gleichgesetzt. Von Alexander dem Großen ist bekannt, dass er 331 v. Chr. – nachdem er im Ptah-Tempel von Memphis zum Pharao gekrönt wurde – das berühmte Amun-Orakel in der Oase Siwa aufsuchte. Welche Antworten er von dem Orakel auf seine Fragen erhielt, behielt Alexander der Große jedoch für sich. Im Amun-(Luxor)-Tempel von Theben lässt Alexander der Große, obwohl er die Stadt nie besuchte, einen Teil des Barkenraums zu Ehren Amuns erneuern.

Formell gehört alles Land dem Pharao. Aber in der Praxis – wie schon erwähnt – ist die Amun-Priesterschaft von Theben die stärkste Macht im Land. Nachdem die Pharaonen ihre Hauptstadt gegen Ende der 18. Dynastie wieder in das nördliche Memphis verlegen, untersteht Theben fast ausschließlich der Amun-Priesterschaft. Besonders in Zeiten in denen ein schwacher Pharao auf dem Thron sitzt, wird dies von den mächtigen Priestern in Theben ausgenutzt. Große Teile der Steuereinnahmen und der Kriegsbeute fließen in die Tempel Amuns. Die Amun-Priester erhalten während der Herrschaft Ramses' III., nach dessen Sieg über die Libyer (20. Dynastie, etwa 1182 v. Chr.), 30.000 der 40.000 erbeuteten Rinder. Dazu bekommen sie jährlich 32 Tonnen Gold, 1000 Tonnen Silber und 185 Sack Korn vom Pharao. Der Landbesitz des Amun-Tempels von Karnak beläuft sich in jenen Jahren auf 2393 Quadratkilometer, die über das ganze Land verteilt sind. Das sind etwa 15 Prozent der gesamten Nutzfläche des Landes. Dazu kommen noch eine halbe Millionen Stück Vieh und 107.000 Sklaven. Sogar Goldminen in Nubien können die Amun-Priester ihr eigen nennen. 169 Städte in Ägypten und Syrien sind dem Priester-Clan in Theben steuerpflichtig.

Wen wundert es, dass selbst ein mächtiger Regent wie Ramses II. auf Distanz zu den Amun-Priestern von Theben geht, obwohl auch er, wie wir wissen, Tempel oder Tempelteile zu Ehren Amun-Res errichtete. Bereits in seinem ersten Regierungsjahr – genauer gesagt, schon in seinen ersten Regierungstagen – muss sich Ramses II. mit den Amun-Priestern von Theben auseinandersetzen. Nachdem die Beisetzungsfeierlichkeiten für seinen Vater – Sethos I. – beendet sind, hält sich Ramses II. noch längere Zeit in Theben auf, um dem Opet-Fest beizuwohnen, welches traditionell im zweiten Monat der Überschwemmungszeit (September) gefeiert wird. Dabei nimmt er zugleich die Gelegenheit wahr, einen neuen Hohepriester Amuns zu ernennen. Der letzte – Nebnetjeru – war kurz zuvor verstorben. Die wichtige Aufgabe der Ernennung der Hohepriester Amuns – der als Stellvertreter des Herrschers in dessen Abwesenheit für diesen die kultischen Tempelbräuche durchführt – obliegt ausschließlich dem Pharao. Ramses II. weiß aber auch, dass er, wenn er den falschen Mann wählt, die mächtige Amun-Priesterschaft gegen sich aufbringen kann. Noch ist die Dynastie der Ramessiden mit noch nicht einmal 20 Regierungsjahren nicht stark genug, sich mit den Amun-Priestern anzulegen. Da greift der junge Herrscher zu einer List: er lässt den widderköpfigen Amun selbst entscheiden.

Das Opet-Fest ist eines der wichtigsten Feste im alten Ägypten. Ein Relief der *Chapelle rouge* im Karnak-Tempel zeigt, wie kahlrasierte Priester die in Schreinen verborgene Statue Amuns auf einer Götterbarke tragen. Ihnen folgen Hatschepsut und Thutmosis III. Theben ist während der Zeit des Festes – ursprünglich dauerte es 11 Tage, in der Ramessidenzeit wurde es auf 27 Tage ausgedehnt –, festlich herausgeputzt. Die Götterprozession nimmt ihren Anfang im Karnak-Tempel, der mit farbigen Flaggen und Wimpeln prächtig geschmückt ist. Dort werden die Götterstatuen von Amun, Mut und Chons auf Götterbarken aus ihren Heiligtümern geholt. Während die Amun-Barke an Bug und Heck von Widderköpfen geziert wird, sind an der Barke der Mut Frauenköpfe mit bunten Bändern angebracht. Die Barke von Chons dagegen zeichnet sich durch Mondsicheln und Falkenköpfe aus. Die Barken werden von Priestern auf den Schultern über insgesamt 6 Stationen bis zum Luxor-Tempel getragen. Tänzerinnen und Sänger umrahmen dabei den Festzug. Während der Prozession bleiben die Götter verhüllt, um sie nicht den Blicken normaler Sterblicher auszusetzen. Am Eingang des Luxor-Tempels wird die Prozession von zahlreichen Würdenträgern des Reiches empfangen und in das Tempelinnere geleitet. Während die Barken den Weg in das Allerheiligste nehmen, bleibt das Volk vor den Tempeltoren ausgesperrt.

Noch heute findet einmal im Jahr – 2 Wochen vor Ramadan – das Moulid-Fest zu Ehren von Abu al Haggag statt. Dem islamischen Heiligen ist die Moschee im Großen Säulenhof des Luxor-Tempels gewidmet. Dann sieht man geschmückte Festwagen und Tänzerinnen und hört Musiker spielen. Die ganze Stadt ist auf den Beinen. Höhepunkt des Festes ist das große Boot, das durch die Straßen der Stadt gezogen wird. Ein Hauch von Erinnerung an das Opet-Fest der Pharaonen.

Während des Opet-Festes kann Amun seinen Willen durch Orakel kundtun. Dieses Gottes-Zeichen nutzten schon Hatschepsut und Haremhab, um sich vor dem Volk als Herrscher zu legitimieren. Auch Ramses II. weiß das Amun-Orakel für seine Ziele zu nutzen. Zu diesem Zweck wird die Barke Amuns einige Tage später erneut aus dem Allerheiligsten des Luxor-Tempels geholt und der Öffentlichkeit präsentiert. Wiederum tragen Priester die Barke mit dem verhüllten Amun auf ihren Schultern. Ramses II., auf seinem Thron sitzend, wohnt der Zeremonie bei. Auf ein Zeichen des Königs, wird nun eine vorbereitete Kanditatenliste verlesen. Man wartet, bei welchem Namen Amun sein Einverständnis gibt, wobei eine Rückwärtsbewegung eine Verneinung und eine Vorwärtsbewegung eine Zustimmung bedeutet. Ramses II. ist klug genug, sich nicht in die inneren Angelegenheiten der Priester zu mischen. Stattdessen lässt er Amun selbst, d. h. die Priesterschaft, ihr Oberhaupt wählen. Einige Namen werden verlesen, aber erst als der Name Nebunnef genannt wird, gibt Amun das Zeichen seiner Zustimmung. Dieser Nebunnef ist bereits Hohepriester des Gottes Onuris und der Göttin Hathor im Tempel von Dendera. Zum Zeitpunkt seiner Ernennung hält er sich allerdings nicht in Theben auf.

Ramses II. fährt nach dem Opet-Fest mit der königlichen Barke nach Abydos hinunter, um die dortigen Bauvorhaben zu inspizieren. Wie es Nebunnef in seinem Felsengrab in Theben-West beschreibt, bestellt der Pharao den neu gewählten Hohepriester Amuns zu sich nach Abydos. Dort wird dieser vom Pharao in sein neues Amt eingesetzt, nicht ohne ihm zu sagen, dass Amun selbst es war, der diese Wahl wollte. Der König überreicht Nebunnef – die Symbole seines neuen Amtes – die beiden goldenen Siegelringe und den Stab aus Elektron. Damit hat der junge Ramses gleich zu Beginn seiner Amtszeit ein wichtiges innenpolitisches Problem gelöst, ohne die Amun-Priester von Theben zu brüskieren.

Neben der Göttertriade von Theben weiht Ramses II., wie wir wissen, auch den unzähligen anderen Göttern des Landes Tempel, Tempelteile und Statuen. Die wichtigsten seien hier nochmals kurz hervorgehoben: Dem Schöpfergott Ptah ist in Memphis ein eigener Tempel geweiht und in Abu Simbel verewigt. Ein Sohn Ramses' II., Chaemwese, wird gar Hohepriester am Ptah-Tempel von Memphis. Dem Totengott Osiris wird in Abu Simbel sowie im Ramesseum gedacht. Dem ibisköpfigen Schreibergott Thot werden ebenso Tempel gebaut wie der Göttin Hathor und dem Gott Horus, der im altägyptischen als Inbegriff des Herrschers gilt. Auch den, in Anführungszeichen, kleineren Göttern gedenkt Ramses II. in Form von Tempelgaben und -stiftungen. Neben den altägyptischen Göttern werden – besonders in Per-Ramses –, auch Götter semitischer Herkunft verehrt.

Den Gipfel der Götterverehrung erreicht Ramses II. jedoch dadurch, dass er sich selbst als Gott verehrt und verehren lässt. So gibt es unzählige Motive wo Ramses II. vor Ramses II. kniet um sich selbst zu opfern oder anzubeten. Diese Verehrung gab es in Ägypten nur in vorgeschichtlicher Zeit, als sich die Herrscher selbst als Götter oder deren direkten Nachfolger betrachteten. Später wurden die Herrscher nur noch als Abkömmlinge der Götter verehrt, die ebenso sterblich waren wie normale Menschen. Erst Amenophis III. unternimmt im fernen Nubien den Versuch, Tempel zu bauen, die ihm und seiner Königlichen Gemahlin Teje geweiht sind. Diese lagen aber zu weit ab vom Reich, um die dort lebenden Menschen stärker zu beeinflussen. Ramses II. stellt jedoch überall im Land götterähnliche Statuen von sich auf. Angefangen von Per-Ramses und Memphis im Norden, über Theben, bis hinunter nach Abu Simbel. Und die Menschen verehren ihn auch als einen ihrer Götter. Sie glauben ihm, dass er unsterblich ist. Ramses II. überlebt sie alle. Aus größeren Fundkomplexen (Grabstelen und Mumientäfelchen) hat man die mittlere Lebensdauer der damals lebenden Menschen errechnet. Sie lag zwischen 25 und 33 Jahren. Ramses II. herrscht also über zwei Menschenalter hinweg über Ägypten und drückt dem Land und den dort lebenden Menschen seinen Stempel auf. Die wenigsten von denen leben noch, die einst seinen Amtsantritt miterlebten. Und keiner von den Lebenden kann sich einen anderen Pharao als Ramses II. vorstellen. Ramses II. ist unsterblich, Ramses II. ist selbst ein Gott.

Einer der wichtigsten Götter unter Ramses II. ist jedoch Seth. Er wird auch häufig als Hausgott der Ramessiden bezeichnet. Seth fungiert seit jeher gemeinsam mit Horus als Schutzgott des Königs. Beide Götter übergeben dem Pharao bei der Thronbesteigung traditionell die Kronen von Unter- und Oberägypten und verknüpfen symbolisch die Wappenpflanzen der beiden Länder – Papyrus und Binse – für den Herrscher. Ramses II. baut Seth einen eigenen Tempel in der neuen Hauptstadt des Reiches. Schon der Vater Ramses' II. – Sethos I. – trägt den Namen des Gottes. Auch die in Per-Ramses stationierte Division wird nach Seth benannt. Unter der Regentschaft Sethos' I., der als Kronprinz die Funktion eines Hohepriester des Seth ausübte, wird Seth zu einem der Reichsgötter des Landes erhoben, die bis zum Ende der 18. Dynastie nur aus der Trinität Amun, Re und Ptah bestand. Seth ist der Gott des Chaos und der Herr der Wüste. Das fruchtbare Land links und rechts des Nils gilt als *Kemet* – das Schwarze Land, die unfruchtbare Wüste dagegen als das Rote Land – *Deschret*. Deshalb wird Seth auch häufig als „roter Gott" bezeichnet. Oft wird er in Gestalt des Seth-Tieres abgebildet, das möglicherweise einen Hund oder Schakal darstellen soll. Man findet ihn auch als Nilpferd oder in menschlicher Gestalt, der die Tracht und den gehörnten Helm des semitischen Baal-Gottes trägt, mit dem er zeitweise gleichgesetzt wird. Der 11. Oberägyptische Gau führt das Seth-Tier als Gauzeichen. Seth gilt im Mittleren Reich und während der 18. Dynastie stets als Symbolfigur des Bösen.

Diese Verachtung des Gottes Seth hat ihren Ursprung in der Osiris-Sage. Sie soll hier kurz nacherzählt werden, so wie sie der griechische Philosoph und Historiker Plutarch (um 45-120 n. Chr.), niederschrieb, als er Ägypten bereiste.

Die Himmelsgöttin Nut und der Erdgott Geb treffen sich zu einem Schäferstündchen. Aus dieser Verbindung heraus wird Osiris geboren. Das wiederholt sich noch zweimal und ein Junge namens Seth, sowie das Mädchen Nephthys erblicken das Licht der Welt. Auch der Mondgott

Thot versucht sein Glück bei der Göttin Nut. Diese erweist ihm ebenfalls ihre Gunst und bringt, als Folge davon, das Mädchen Isis zur Welt. Die beiden Halbgeschwister Osiris und Isis lieben sich so sehr, dass sie schließlich ein Paar werden. Gemeinsam regieren sie das Land in Weisheit und leben in vollkommenem Glück. Auch Seth versucht sich seiner Halbschwester zu nähern, wird von ihr aber abgewiesen. Da denkt sich der eifersüchtige Seth eine List aus, um seinen Bruder Osiris zu beseitigen. Er stellt dazu einen kunstvoll gearbeiteten Mumiensarg mit den genauen Körpermaßen seines Bruders her. Diesen bietet er bei einem Festgelage jenem zum Geschenk, der genau hinein passt. Alle Gäste des Festes probieren den Sarg, aber nur für Osiris scheint er wie nach Maß gefertigt. Doch kaum hat sich Osiris in den Sarg gelegt, schließt Seth den Deckel und versiegelt ihn mit flüssigem Blei. Dann wirft er den Mumiensarg in den Nil. Niemand von den Gästen hindert Seth an seinem Treiben, auch die anwesende Isis nicht. Nilabwärts treibt der Mumiensarg ins Meer davon. Isis, vom Schock erwacht, klagt über den Verlust ihres Bruders und Gatten und macht sich auf die Suche nach ihm. Sie findet ihn schließlich an der Mittelmeerküste bei Byblos. Dabei wird sie von Seth überrascht, der ihr heimlich gefolgt ist. Er stürzt sich auf den Körper seines Bruders Osiris und zerstückelt ihn in vierzehn Teile, die er in alle Himmelsrichtungen verstreut. Isis sammelt jedoch alle Körperteile ihres Gatten wieder ein und setzt diese zusammen, nur der Phallus fehlt. Der war von den Fischen des Nils gefressen worden. Doch Götter brauchen keinen Penis. Auch ohne Geschlechtsteil gelingt es Isis und Osiris einen Sohn – Horus – zu zeugen. Nachdem Isis die Leichenteile ihres Gatten wieder dort vergräbt, wo sie sie gefunden hatte – den Kopf z. B. in Abydos –, zieht sie sich mit ihrem Sohn Horus auf die mythische Nilinsel Chemmis zurück um ihn großzuziehen. Seth herrscht in dieser Zeit unrechtmäßig über das Land. Als Horus erwachsen ist, macht er sich auf, um seinen Onkel Seth zu bekämpfen. In dem entscheidenden Kampf, den Horus schließlich gewinnt, verliert Seth seine Hoden, Horus ein Auge. Der unterlegene Seth muss den Thron aufgeben, um diesen dem Sohn des Osiris, Horus, zu überlassen. Nach dem Schiedsspruch der Götter wird Horus damit der

Herrscher des Landes, während Seth zum Gott der Wüste wird.

Schon in den Pyramidentexten wird Ägypten als der „Nabel der Welt", als „Auge des Horus", als „Land der Ordnung", bezeichnet. Seth dagegen, wird nach seiner Niederlage aus Ägypten vertrieben. Als das Reich Seths werden daher die „Andersartigen", die „Fremdländer" bezeichnet. Das Reich des Gottes Seth ist in den Augen der Ägypter eine Welt der Unordnung.

Während Osiris durch seinen Tod vom Sonnengott zum Totengott und damit zu einem der populärsten der ägyptischen Götter wird, gilt Isis als Mutter- und Schutzgöttin, die ihren Sohn Horus – und in Anlehnung an ihn, auch die irdischen Kinder – vor Gefahren schützt. Häufig wird sie zusammen mit dem Horusknaben dargestellt, der dabei auf ihren Knien sitzt. Der Isis-Kult verbreitet sich in hellenistischer Zeit über den gesamten Mittelmeerraum und reicht während der Römerherrschaft sogar bis nach Germanien hinein. In der christlichen Ikonographie wird diese Gruppe zum Vorbild der Mutter Maria mit dem Jesusknaben. Der Kult der Göttin Isis ist in ihrem Tempel auf der Nilinsel Philae bis ins 6. nachchristliche Jahrhundert hinein populär, bevor sämtliche altägyptischen Götterkulte unter dem oströmischen Kaiser Justinian (reg. 527-565 n. Chr.) verboten werden. Der Säulensaal des Isis-Tempels von Philae wird danach dem Heiligen Stephanus geweiht.

---

6. Amun ist der Reichsgott Ägyptens, und selbst für Ramses II. unantastbar. Ramses II. lässt sich selbst als Gott verehren. Hauptgott der Ramessiden ist jedoch Seth, der in der ägyptischen Mythologie als Inkarnation des Bösen gilt.

7. Kapitel:
Ramses II. und die Bibel

In diesem Kapitel soll der Frage nachgegangen werden, ob Ramses II. – wie es in der Bibel steht – tatsächlich der Pharao der Knechtschaft war. Oder, um es anders auszudrücken: Wann lebte das Volk der Hebräer in Ägypten, und, in welchem Zeitraum fand der Exodus unter der Führung Moses tatsächlich statt? In den zahlreichen ägyptischen Texten, die bis jetzt aus der Zeit Ramses' II. – respektive seines Nachfolgers Merenptah – gefunden wurden, wird dieses Ereignis nirgends erwähnt. Wollten Ramses II. und sein Nachfolger diese Schmach nicht aktenkundig machen oder war der Auszug der *Apiru* – wie die hebräischen Halbnomaden von den Ägyptern genannt wurden – zu unbedeutend, um schriftlich festgehalten zu werden?

Dass Ramses II. traditionell als der Pharao der Knechtschaft angesehen wird, basiert hauptsächlich auf der Grundlage von drei Beweisen, welche Bibelgelehrte vorzubringen haben: Zum einen die Erwähnung der Städte Pithom und die des Ramses im Alten Testament und zum zweiten die so genannte Israel-Stele seines Sohnes und Nachfolgers Merenptah, welche in dessen Totentempel gefunden wurde. Der dritte Beweis ist die, mit einer Salzkruste behaftete, Mumie Merenptahs. Neueste Forschungen scheinen – ich schreibe hier ausdrücklich scheinen – jedoch inzwischen zu beweisen, dass Ramses II. nicht der Pharao der Knechtschaft gewesen sein kann. Deshalb ein paar Fakten und Indizien zu Ramses II., der Knechtschaft des Volkes Israel in Ägypten und dem Alten Testament.

Der Name Ramses wird im Alten Testament nur im Zusammenhang mit dem Gebiet der Stadt Per-Ramses genannt. Sonst ist in der Bibel immer nur vom Pharao die Rede. Der Ausdruck „Pharao" ist uns jedoch nur als Synonym über das Alte Testament vermittelt, welches den Sprachgebrauch der Spätzeit wiedergibt. Der Begriff „Pharao" (altägyptisch: *Per'ao*) existiert zwar seit ältester Zeit, bezeichnet bis in das Neue Reich hinein jedoch nur den Palast des Königs, nicht ihn selbst. So bedeutet auch der Name Per-Ramses „Haus des Ramses". Der erste Herrscher der den Titel eines Pharao trägt, ist Siamun (reg. 978-959 v. Chr.) der zur Zeit Salomos (für den es keinen archäologischen Beleg gibt, er soll etwa 970-931 v. Chr. regiert haben) lebte. Erst in der folgenden 22. Dynastie wird das Wort „Pharao" zu einem festen Bestandteil der Titulatur und vor die Kartusche mit dem Königsnamen geschrieben. Das ist ein Beweis dafür, dass zur Zeit Ramses' II. der Ausdruck Pharao für den Herrscher noch nicht gebräuchlich war. Auch andere Begriffe werden in der Bibel benutzt, obwohl diese erst Jahre später gebräuchlich sind. Ein Beispiel dafür soll hier stellvertretend aufgeführt werden. Es betrifft eines der wichtigsten Tiere des Orients, das Kamel. Hier handelt es sich um die Geschichte mit den Josephs-Brüdern. So steht im 1. Buch Moses: *„Und setzten sich nieder, zu essen. Indes hoben sie ihre Augen auf und sahen einen Haufen Ismaeliter kommen von Gilead mit ihren Kamelen; die trugen Würze, Balsam und Myrrhe und zogen hinab nach Ägypten."* Tatsache ist aber, dass das Kamel im Vorderen Orient zwar schon seit jeher bekannt war, domestiziert wurde es aber erst im 9. Jahrhundert vor unserer Zeitrechnung. Das soll nur ein Beispiel dafür sein, dass in den alttestamentlichen Bibeltexten Umschreibungen verwendet wurden, die erst in späterer Zeit gebräuchlich waren.

In diesem Absatz kommen wir zu dem verwendeten Begriff von der Stadt des Ramses. Im Alten Testament ist zu lesen, dass Joseph, nachdem er Wesir des Landes geworden war, seinen Vater und Brüder in Ägypten ansiedelte. *„Er wies ihnen Grundbesitz in Ägypten zu, im besten Teil des Landes, im Gebiet von Ramses, wie der Pharao verfügt hatte."* Es gilt als erwiesen, dass das Gebiet von Per-Ramses – dem heutigen Qantir (Avaris) – jedoch nur während der 12. Dynastie (etwa 1800 v. Chr.) von Einwanderern aus Vorderasien besiedelt wurde. Bei Grabungen fand man Reste von Lehmziegelhäusern und Gräbern vor, die auf diese Epoche datiert werden konnten. Der Gräbertypus der Einwanderer im Avaris der 12. Dynastie unterscheidet sich wesentlich von den traditionellen ägyptischen Gräbern jener Zeit. Sie zeigen einen starken kanaanitischen Einfluss. Texte aus der 13. Dynastie (um 1700 v. Chr.) erzählen über semitische Sklaven in Ägypten. Da sonst in der altägyptischen Geschichte keine größere Besiedlung aus dem Osten im Deltagebiet erfolgte – mit Ausnahme der Hyksos, etwa 1630-1522 v. Chr. – kann es nur jene semitische Volksgruppe gewesen sein, die Avaris besiedelte, welche von Joseph nach und später von Moses aus Ägypten geführt wurde. Und das geschah etwa 550 Jahre vor der Herrschaft Ramses' II.

Hier noch eine kleine Einfügung, die später von Bedeutung sein soll: Da Avaris während der 12. Dynastie überwiegend von einem semitischen Volksstamm bewohnt war, der später unter dem Namen „Israel" in die Geschichte einging, dürfte die Stadt nach dem Exodus fast menschenleer gewesen sein.

Warum also der Name der Stadt Ramses in der Bibel? Auch hierfür gibt es eine logische Erklärung. Große Teile des Alten Testaments, so u. a. auch die Bücher Genesis, Exodus und Josua, wurden erst nach dem Babylonischen Exil (587-539 v. Chr.) geschrieben, bzw. zusammengestellt. Das heißt, dass über tausend Jahre zwischen den tatsächlichen Geschehnissen und ihrer Niederschrift lagen. Die Verfasser jener Zeit setzten den, ihnen damals geläufigen, Namen des Ortes – Stadt des Ramses – ein. Die späte Niederschrift über die Knechtschaft in Ägypten passt auch mit der Titelgebung „Pharao" überein. Beide Begriffe – „Ramses" und „Pharao" – stellen also einen Anachronismus des Alten Testaments dar. Dazu passt auch, dass die Autoren der Josephs-Legende eine Kamelkarawane erwähnen, obwohl dieses Tier erst im 9. Jahrhundert vor Christus domestiziert wurde. Das Kamel würde zeitlich ebenfalls genau in den Rahmen passen, in dem der Begriff „Pharao" erstmals als Titel für den Herrscher Ägyptens verwendet wurde.

Nun könnte jemand auf die Idee kommen, zu behaupten, das Volk der

Hebräer habe deshalb im 9. Jahrhundert vor unserer Zeitrechnung in Ägypten gelebt. Doch dieser Zeitrahmen deckt sich überhaupt nicht mit den Chronologien der beiden Völker. Zu jener Zeit nämlich, während der 21. und 22. Ägyptischen Dynastie, soll König Salomo in Jerusalem regiert haben.

Ebenso ein Anachronismus ist die Erwähnung der Stadt Pithom im 2. Buch Moses. Die Stadt namens Pi-Atum „Haus des Atum" (Pithom) wurde im 16. Jahrhundert v. Chr. – etwa 25 Kilometer von Roten Meer entfernt – als Garnisonsstadt gegründet und wird in der Folgezeit als Hyksos-Siedlung beschrieben. Unter Ramses II. wird ein Tempel errichtet und Ramses III. baut weitere Denkmäler. Größere Bautätigkeiten, die mit einer Knechtschaft verbunden wären, sind nicht bekannt. Erst durch die Neugründung unter Pharao Necho II. (reg. 610-595 v. Chr.) erlangt die Stadt wieder an Bedeutung. Wie der Historiker Herodet berichtet, ließ der Pharao um 600 v. Chr. einen Kanal graben, um den Nil mit dem Roten Meer zu verbinden (einen Vorläufer des heutigen Suez-Kanals). Auch mit der von den Hyksos bewohnten Stadt Pithom liegt hier wieder eine Erwähnung aus dem 16. Jahrhundert vor, der Zeit des vermutlichen Auszugs der Hebräer aus Ägypten.

Häufig wird der 13. Sohn und Nachfolger Ramses' II., Merenptah (reg. 1213-1204 v. Chr.), als derjenige Herrscher gesehen, unter dem der Auszug der Hebräer aus Ägypten erfolgt sein soll. Da man in Ramses II. den Pharao der Knechtschaft sieht, wird logischerweise dessen Nachfolger als derjenige gesehen, unter welchem der Exodus stattgefunden haben soll. Auch die so genannte Israel-Stele, welche 1896 von Flinders Petrie im verfallenen Totentempel Merenptahs gefunden wurde, und oft als Beweis herangezogen wird, kann diese Thesen nicht unterstützen. Auf der gewaltigen Granitstele – sie hat eine Höhe von knapp 3,20 Meter – wird poetisch der Sieg des Pharao über die Libyer im 5. Regierungsjahr des Herrschers beschrieben. In einem Teil des Textes ist zum ersten Mal der Name „Israel" erwähnt. Schauen wir uns deshalb den übersetzten Textteil der Stele an:

Die Könige werfen sich nieder und rufen „Frieden". / Keiner von den Neun Bögen [den Feinden Ägyptens] *hebt sein Haupt. / Tjehenu* [Libyen] *ist erobert, das Hethiterland befriedigt, / Kanaan ist mit allem Übel erbeutet. / Askalon ist herbeigeführt. / Gezer ist gepackt. / Januam ist zunichte gemacht. / Israel ist verwüstet; es hat keinen Samen. / Syrien ist zur Witwe Ägyptens geworden. / Alle Länder insgesamt sind in Frieden. / Wer als Fremder herumzieht, wird gebändigt von Merenptah.*

Fakt ist: Von Merenptah kennen wir nur Kriegszüge gegen die Libyer und die Seevölker, sowie die Niederschlagung einer Revolte in Nubien. Von Kriegszügen in die östlichen Provinzen oder gar gegen die Hethiter ist nichts bekannt. Ägypter und Hethiter lebten schon seit 50 Jahren in friedlicher Koexistenz miteinander. Genau das Gegenteil ist nämlich der Fall. Dem, von einer Hungersnot bedrohten, Hethiterreich wird während der Regentschaft Merenptahs sogar Getreide geliefert. Der Text der Stele wurde von den Wissenschaftlern seit ihrer Entschlüsselung immer wieder falsch interpretiert. Der Text der Israel-Stele sagt nichts darüber aus, dass Merenptah gegen die Ostprovinzen und die Hethiter Krieg führte. Die Stele drückt nur den Ist-Zustand des ägyptischen Reiches und seiner Nachbarstaaten während der Regentschaft Merenptahs aus.

Nun zum dritten Beweis. Nach den ersten Untersuchungen der Königsmumien aus der *Royal Cachette* ging das Gerede, dass an der Mumie Merenptahs Salzablagerungen gefunden worden seien. Eine Abordnung von Kirchenleuten besuchte daher Ende des 19. Jahrhunderts den damaligen Direktor der ägyptischen Antikenverwaltung – Gaston Maspero – um Auskünfte über die Mumie Merenptahs einzuholen. Der konnte ihnen das Gerücht in einem Gespräch bestätigen. Die Bibelforscher übernahmen natürlich freudigst diesen Tatbestand – er passte haargenau in ihr Bibelschema – und spannen diesen noch weiter aus. Sie legen es seitdem so aus, dass der König bei der Verfolgung der Hebräer mit seiner Armee unterging, als das von Moses geteilte Wasser wieder zurückflutete. Der Leichnam des Herrschers wurde dann von den überlebenden Soldaten geborgen.

Nichts davon ist richtig. Es ist wohl kaum anzunehmen, dass der Pharao sich – Merenptah war bei seiner Thronbesteigung im für die damalige Zeit hohen Alter von über 50 Jahren – persönlich an der Verfolgung der Hebräer beteiligte. Und wenn, dann dürfte er die Verfolgung aus sicherer Entfernung geleitet haben.

Aber jetzt zu den Fakten, die Maspero entweder der Kirchendelegation verschwieg oder von diesen – mit Absicht – unterschlagen wurden. Sie konnten durch neueste Forschungen nochmals bestätigt werden. Die Salzkristalle an der Mumie Merenptahs stammen von dem Natronsalz, mit dem der Körper des verstorbenen Herrschers behandelt wurde. Dafür verwendete man keine flüssige Natronlösung, wie bis vor kurzem angenommen, sondern trockenes Salz, das man in den Körper einfüllte und um diesen herum schichtete. Teilweise wurde das Salz auch in kleine Leinensäckchen gefüllt. Dieses Verfahren hatte den Vorteil, dass bereits feucht gewordenes Salz leichter auszuwechseln war. Natronsalz ist hygroskopisch und entzieht dem Leichnam die Körperflüssigkeit. Begünstigt wurde der Vorgang der Mumifizierung, der etwa 35-40 Tage dauerte, durch das trockene Klima in Ägypten. Das Salz besteht aus Natriumhydrogenkarbonat und Natriumkarbonat. Natronsalz kommt in Ägypten in relativ großem Umfang vor und enthält teilweise bis zu 50 % Kochsalz. Im Übrigen fand man auch an anderen ägyptischen Mumien Salzkristalle.

Man weiß bis heute nicht, wo der Übergang des israelischen Volkes stattgefunden haben soll. Dass Moses das Meer teilte, scheint – darüber sind sich wohl alle einig – eine bildhafte Ausschmückung des Alten Testaments zu sein. Viel realistischer ist, dass die Führer Israels – zu welchem Zeitpunkt auch immer – einen sicheren Weg durch die unwegsamen Sumpfgebiete des Deltas kannten, in denen die ägyptischen Verfolger mit ihrer schweren Ausrüstung versanken oder nur sehr schlecht vorwärts kamen.

Wenn man genauer hinsieht, widersprechen sich sogar die vermeintlichen Beweise der Bibelgelehrten. Nach Angaben des Alten Testaments hat der Pharao einen großen Teil seiner Streitwagentruppen bei der Verfolgung der Hebräer verloren. Nach den Angaben auf der Israel-Stele vernichtete der Pharao das Volk der Israeliten. Und doch werden beide — sich widersprechenden — Beweise gemeinsam angeführt.

Jetzt wieder einen Sprung zurück zu den Kanaanitern, welche die Stadt Avaris um 1800 v. Chr. besiedelten. Ein weiteres Indiz, dass diese semitische Bevölkerungsgruppe mit dem Volk der Hebräer aus dem Alten Testament identisch sein könnte, stellen die aufgefundenen Nilpegelmarken aus der 12. Dynastie dar. Während man in den Anfangsjahren Amenemhets III. (reg. etwa 1818-1773 v. Chr.) bei Semna — zwischen dem 2. und 3. Nilkatarakt — normale Überschwemmungen bei der jährlichen Hochwasserperiode des Nils verzeichnete, stieg das Hochwasser des Flusses während der Überschwemmungzeit in den letzten Regierungsjahren des Herrschers auf einundzwanzig Meter an. Das sind neun Meter über dem Durchschnitt. Die Amerikanerin Barbara Bell, Expertin für das Klima in der Antike, vertritt die These, dass diese starken Überschwemmungen — deren Wasservolumen drei- bis viermal so hoch war wie normal — mit großer Wahrscheinlichkeit zu einer Hungersnot geführt hätte, wenn nicht ... Wenn nicht für solch einen Katastrophenfall vorgesorgt worden wäre. Man denke dabei nur an die sieben fetten und mageren Jahre, die Joseph vorausgesagt hatte. Unbestritten ist, dass Amenemhet III. während seiner Regierungszeit einen künstlichen See anlegen ließ — den Moeris-See —, um der Landwirtschaft im Nordosten des Landes neue Flächen zuzuführen. Der See wurde durch einen Kanal aus dem Nil gespeist, der bezeichnenderweise den Namen *Bahr Yusuf* (Josephs-Kanal) trägt. Ein ausgeklügeltes System von Dämmen, Stauseen und Seitenkanälen lenkte Wasser aus dem Nil in das Sumpfgebiet des Faijum und schuf dort den riesigen künstlichen See, der 50 Mrd. Kubikmeter Wasser enthielt. Das Bauprojekt verschaffte dem Pharao die Möglichkeit, den Nil zu regulieren, zerstörerische Überschwemmungen zu verhindern und in Zeiten der Dürre das Land mit wertvollem Wasser zu versorgen. Außerdem machte der See, der von unfruchtbarer Wüste umgeben war, das Faijum-Becken zur Kornkammer Ägyptens. Leiter dieses riesigen Projektes könnte der biblische Joseph gewesen sein.

Das Volk Israel hatte sich also um 1800 v. Chr. in Avaris niedergelassen, während der Exodus unter der Führung von Moses – logischerweise – zu einem späteren Zeitpunkt erfolgte. Die Frage ist, wann? Die Dauer des Aufenthaltes schwankt – je nach Bibelstelle – zwischen 390 und 430 Jahren. Ziehen wir davon die 40 Jahre der Wanderung und Landnahme ab, hätte der Auszug der Hebräer, laut Bibel, dann um das Jahr 1400 vor Christus stattfinden müssen, zu einem Zeitpunkt also, als Amenophis II. in Ägypten regierte. Doch auch dafür gibt es in den bisher gefundenen ägyptischen Aufzeichnungen keinerlei Belege. Schlagen wir in der Bibel das Buch der Chroniken auf. Dort führt Josua seine Vorfahren auf. Von Joseph, dem Stammvater der Hebräer in Ägypten, bis zu Josua zählt man 12 Namen. Ziehen wir die beiden genannten ab, so verbleiben noch zehn. Nimmt man pro Generation für jene Zeit eine Dauer von 25 Jahren so kommen wir auf 250 Jahre. Zieht man davon ebenfalls die rund 40 Jahre ab, in denen die Hebräer durch den Sinai zogen und Kanaan eroberten, kommt man auf 210 Jahre. Zweihundertzehn Jahre dauerte somit der Aufenthalt des hebräischen Volksstammes in Ägypten und keine 390 bzw. 430.

Damit dürfte der Exodus gegen Ende des Mittleren Reiches (etwa 1590 v. Chr.) erfolgt sein. Zu einer Zeit also, als Ägypten in viele Kleinkönigtümer gespalten war und die Hyksos im Delta regierten. In den Wirren des Zerfalls und der Uneinigkeit war es für die Hebräer ein leichtes, das Land zu verlassen. Für den ermittelten Zeitpunkt des Exodus's gegen Ende des Mittleren Reiches finden sich aber noch weitere Belege. Während ihrer 40-jährigen Wanderung durch den Sinai hatten die Hebräer unter dem Befehl Josuas mehrfach Kämpfe gegen Amalekiter zu bestehen. Über die Amalekiter lässt sich historisch wenig sagen. Im Alten Testament gelten sie als räuberisches Nomadenvolk im Süden Palästinas und Erbfeind Israels. Das erste, was wir von ihnen lesen, ist ihr Angriff auf Israel, nachdem diese das Rote Meer durchzogen hatten. Hinweise auf die Amalekiter findet man nicht nur im Alten Testament. Auch in anderen Quellen, nämlich in frühmittelalterlicher islamischer Literatur, wird auf sie hingewiesen. Dort berichten mehrere Autoren unabhängig voneinander, dass Amalekiter bis nach Syrien und Ägypten vordrangen und diese Länder in ihren Besitz nahmen. Eine Parallele zu den Hyksos, die marodierend durch das Land zogen, Städte niederbrannten und Tempelanlagen dem Erdboden gleichmachten. Während die Hebräer unter der Führung Moses von West nach Ost wanderten, zogen die Amalekiter von Ost nach West. Es war daher unvermeidlich, dass beide Völkerschaften – oder zumindest Teile von ihnen – bei ihrer Wanderung auf dem Sinai des öfteren aufeinander trafen. Bei diesen amalekitischen Truppen kann es sich durchaus um Teile der Hyksos gehandelt haben, die in Unterägypten einfielen und sich in Avaris niederließen. Wie von vielen anderen semitischen Stämmen, wurde von ihnen dem Gott Baal gehuldigt, der dem Hyksos-Gott Sutech ähnelt.

Die Jahreszahl des Auszugs – etwa 1590 v. Chr. – soll zur Sicherheit aber noch durch andere Fakten erhärtet werden. Wenden wir uns deshalb der Stadt Jericho zu, die von Josua mithilfe von Posaunen erobert wurde. Jericho ist eine der ältesten Städte der Welt und über 10.000 Jahre alt. Bei Ausgrabungen stießen Archäologen auf verschiedene Besiedlungsschichten. Eine dieser Schichten bewies, dass die Stadt mit ihren Mauern um 1550 vor unserer Zeitrechnung durch Erdbeben zerstört wurde. Die englische Archäologin Kathleen Kenyon bewies dies u. a. anhand von Ascheschichten, die sie am Fuß der Hügel von Jericho fand und analysierte. In den nächsten 400 Jahren hatte Jericho einen eher dörflichen Charakter. Eine größere Besiedlung der Stadt fand erst wieder ab dem 11. Jahrhundert vor Christus statt. Josua hätte also zur Zeit Ramses' II. und Merenptahs in Jericho keine Mauern zum Einsturz bringen können, da keine existierten. Wenn das Volk der Hebräer um 1590 v. Chr. aus Ägypten auswanderte, 40 Jahre in der Wüste Sinai umherzog und die Stadt Jericho um 1550 v. Chr. einem Erdbeben zum Opfer fiel, so ist auch hier eine verblüffende Übereinstimmung zu finden. Die Israeliten können nur zur Zeit des Erdbebens die Stadt eingenommen haben – wobei die Zerstörung durch Posaunen eine mythische Umschreibung für das umstürzen der Stadtmauern sein dürfte.

Wenn wir nun davon ausgehen, dass das Volk der Hebräer um 1590 vor Christus Ägypten verließ, haben wir auch hier einen offensichtlichen Widerspruch zum Alten Testament, das davon berichtet, dass sich das ägyptische Heer auf Streitwagen fortbewegte. Wie können die Ägypter um 1590 v. Chr. die Hebräer auf Streitwagen verfolgt haben, wenn diese doch etwa zur gleichen Zeit von den Hyksos eingeführt wurden, und es nochmals eine Zeit dauerte, bis diese von den Ägyptern übernommen wurden? Auch hier liegt ein Anachronismus des Alten Testaments vor. Die Bibelautoren des 9. oder 6. vorchristlichen Jahrhunderts wussten es nicht besser – woher auch – und nahmen es einfach als gegeben an, dass die Ägypter über Pferd und Streitwagen verfügten.

Während der Herrschaft Ramses' II. und Merenptahs lebten die Hebräer also schon im Gelobten Land – in Kanaan. Da die beiden Großmächte der damaligen Zeit – Ägypter und Hethiter – die Fürstentümer und Provinzen in ihrem berühmten Friedensvertrag unter sich aufgeteilt hatten, wird auch der Text der sog. Israel-Stele verständlich: Die Provinz Kanaan war – ebenso wie viele andere Provinzen des Vorderen Orients – erobert und die Stämme Israels hatten sich den beiden Großmächten untergeordnet. Erst Jahre später – im 11. Jahrhundert v. Chr. –, als das hethitische Reich zusammenbrach und Ägypten ebenfalls seinen Einfluss in den Ostprovinzen verlor, konnten sich die Israeliten wieder als eigenständiges Volk etablieren. Und dieser Zeitpunkt stimmt wiederum mit dem überein, an dem z. B. auch Jericho wieder neu aufgebaut und befestigt wurde.

Jetzt kommen wir zu unserer Einfügung von vorhin zurück. Warum machten die Hyksos Avaris zu ihrer Residenzstadt? Darauf gibt es zwei logische Antworten. Zum einen war Avaris – die ehemalige Stadt der Hebräer in Ägypten – fast menschenleer, als die Hyksos etwa zur Zeit des Auszugs in das Deltagebiet eindrangen. So konnten die Eroberer die Stadt einnehmen, ohne auf größere Gegenwehr zu stoßen. Zum anderen hatte Avaris einen – für die Eroberer – strategisch günstigen Standort. Von Avaris aus konnten die Hyksos gleichzeitig das unterworfene Deltagebiet und ihr eigenes Hinterland, den palästinensisch-syrischen Raum, kontrollieren. Die Stadt Avaris lag genau im Zentrum ihres Einflussbereichs.

7. Beweise ergeben, dass Teile vom Volksstamm der *Apiru* (Hebräer) gegen Ende des Mittleren Reiches (etwa von 1800-1590 v. Chr.) in Ägypten ansässig waren und nicht zur Zeit Ramses' II. Es gibt bis heute keinen einzigen schlüssigen Beweis dafür, dass Ramses II. der Pharao der Knechtschaft war oder unter seinem Nachfolger – Merenptah – der Exodus stattfand.

8. Kapitel:
Die Nachfolger

Der direkte Nachfolger von Ramses II., – Merenptah (reg. 1213-1204 v. Chr.) – wurde schon in den vorhergehenden Kapiteln mehrfach erwähnt. Man kann davon ausgehen, dass er schon in den letzten Regierungs- und Lebensjahren seines alten, gebrechlichen Vaters für diesen die Regierungsgeschäfte führte. Als er nach dem Tod Ramses' II. die offizielle Regentschaft übernimmt, hat Merenptah das 50. Lebensjahr bereits überschritten. Verheiratet ist er mit Isisnofret, seiner Schwester – nicht zu verwechseln mit ihrer gemeinsamen Mutter – Isisnofret. Ihm fällt es natürlich schwer, aus dem Schatten seines übermächtigen Vorgängers herauszutreten.

Die Feinde Ägyptens haben nur auf den Tod Ramses II. gewartet, um in das vermeintlich geschwächte Land einzufallen. So stoßen die Libyer unter ihrem Fürsten Marijaui bis ins Deltagebiet vor. Ihnen angeschlossen haben sich die Seevölker, deren ursprüngliche Heimat im Gebiet des Balkans und der Ägäis zu finden ist. Doch Merenptah kann die feindlichen Truppen in einem sechsstündigen Kampf vernichtend schlagen. Eine Inschrift im Karnak-Tempel preist die Kühnheit des Pharao und spricht von über 6000 Gefallenen auf der Seite des Gegners, deren abgeschnittene Phalli in Körben weggetragen wurden.

Bei der Ausgrabung eines Hyksos-Palastes in Avaris machten Ausgräber einen nicht ganz alltäglichen Fund. Sie stießen vor einem Viersäulenraum, der als Thronraum angesehen wird, auf zwei Gruben mit je einer abgeschlagenen rechten Hand. In zwei weiteren Gruben, die etwas später außerhalb des Palastes angelegt worden sein müssen, fanden sich weitere 14 rechte Hände. Nach Aussage von Manfred Bietak, Direktor der Grabungsmission, handelt es sich um außergewöhnlich große Exemplare. Das ist mithin der erste physische Beleg für eine aus Bild- und Schriftzeugnissen der Ägypter hinreichend bekannten Praxis, getöteten Feinden die Hände abzuschlagen und zu sammeln. So konnte die Zahl der Besiegten dokumentiert werden.

Der geschlagene Libyerfürst kann zwar entkommen, verliert aber seine Stellung als Anführer. Sechs Söhne Marijaus sind im Kampf gefallen, seine zwölf Frauen – die ihn bei dem Kriegszug begleiteten – werden von den Truppen Merenptahs gefangengenommen.

Auch aus Nubien werden während der Amtszeit Merenptahs Unruhen gemeldet. Die dortigen Revolten werden von Merenptah ebenfalls niedergeschlagen.

In Memphis betätigt sich Merenptah vor allem am Ptah-Tempel als Bauherr. Seinen Totentempel in Theben-West lässt er an der nördlichen Ecke des – inzwischen durch Erdbeben zerstörten – riesigen Tempels Amenophis' III. errichten. Das dafür benötigte Baumaterial entnimmt er den Ruinen der ehemaligen Anlage. So stand auch die besagte Israel-Stele – auf deren ursprünglicher Vorderseite Amenophis III. die Pracht seines Tempels beschreibt – einst im Schatten der Memnon-Kolosse. Die Rückseite der Stele nutzt Merenptah dann für seinen „Israel"-Text.

Mit Sethos II. (reg. 1204-1198 v. Chr.), einem Sohn Merenptahs, setzt sich die Erbfolge der Ramessiden-Dynastie fort. Fast zeitgleich mit ihm lässt sich Amenmesse (reg. 1203-1200 v. Chr.) in Oberägypten zum Gegenkönig ausrufen. Amenmesse – er stammt vermutlich aus einer Seitenlinie des ramessidischen Königshauses – hat die Unterstützung der Amun-Priester von Theben unter ihrem Hohepriester Roi. Die Priester Amuns wurden unter Ramses II. vielfach bei der Besetzung wichtiger Ämter übergangen. Jetzt, zehn Jahre nach dem Tod des mächtigen Herrschers, versuchen sie ihren vermeintlichen Machtanspruch durchzusetzen. Amenmesse, sein Name bedeutet „Sohn des Amun", kann das Gebiet von der nubischen Festungsstadt Buhen bis hinauf nach Theben unter seine Gewalt bringen. Doch auch die thebanische Priesterschaft kann dem rechtmäßigen Herrscher den Thron nicht verwehren. Sethos II. gelingt es, Oberägypten wieder in seinen Machtbereich einzuverleiben. Von den Usurpatoren Roi und seiner Marionette Amenmesse hört man nie wieder etwas. Sethos II. lässt sämtliche Inschriften im Grab Amenmesses, welches sich dieser zu Lebzeiten im Tal der Könige anlegte, beseitigen.

Bedingt durch die innenpolitischen Auseinandersetzungen vernachlässigt Sethos II. zwangsläufig die Ostprovinzen. Im Libanon und in Palästina werden die von Ägypten abhängigen kleinen Fürstentümer von den Seevölkern geradezu überrannt. Auch das Hethiterreich, seit den Tagen Ramses' II. mit Ägypten freundschaftlich verbunden, zerfällt in diesen Jahren. Neben den Seevölkern, die das hethitische Reich vom Mittelmeer her bedrohen, fallen im Osten die Assyrer in das Reich der Hethiter ein und zerstören die Hauptstadt Hattuscha.

Zu den wesentlichen Bauten, die in der knapp 6-jährigen Regierungszeit Sethos' II. fertig gestellt werden, gehört u. a. sein Grab im Tal der Könige (KV 15). Erwähnenswert ist in diesem Zusammenhang, dass Howard Carter das Grabmal des Herrschers als Laboratorium und Lagerraum nutzt, als er seine Ausgrabungen im Grab Tut-ench-Amuns durchführt. Im Karnak-Tempel stellt Sethos II. einen Obelisken auf und errichtet eine Barkenstation für die Göttertriade Amun, Mut und Chons.

Siptah (reg. 1198-1193 v. Chr.) ist ein Sohn Sethos' II. mit einer Nebenfrau syrischer Abstammung – Sutiraja. Der junge Herrscher wird in seiner kurzen Regierungszeit von seiner Stiefmutter Tausret unterstützt, welche die Hauptgemahlin Sethos' II. war. Bei der Untersuchung der Mumie Siptahs stellte man fest, dass der König einen stark verkrüppelten Fuß hatte. Einige Mediziner vertreten daher die These, dass der Pharao an Kinderlähmung (*Poliomyelitis*) litt und aus diesem Grund schon im Alter von etwa 20 Jahren verstarb.

Die Witwe Sethos' II. – Tausret (reg. 1193-1190 v. Chr.) –, übernimmt nun offiziell die Alleinherrschaft über das Land. Unterstützt wird sie dabei von ihrem Kanzler Baj, einem Syrer, der schon unter Siptah zu den einflussreichsten Männern des Reiches gehörte. Tausret ist damit neben Nofrusobek – die am Ende der 12. Dynastie knapp 4 Jahre lang regierte –

und Hatschepsut, nachweislich erst die dritte Frau in der bis dahin über 4000 Jahre alten ägyptischen Geschichte, die nicht nur als Regentin, sondern auch als herrschender Pharao in Erscheinung tritt.

Mit Tausret endet auch die 19. Dynastie. Von den 98 Jahren in denen die Dynastie der Ramessiden auf dem Pharaonenthron saß, konnte Ramses II. 67 Regierungsjahre für sich beanspruchen. Unter den letzten 4 Regenten, die insgesamt nur 14 Jahre lang regierten, herrschten zum Schluss bürgerkriegsähnliche Zustände. Aus verschiedenen altägyptischen Quellen geht hervor, dass es in jenen Jahren keine Tempelopfer mehr gab und die heiligen Stätten geplündert wurden.

Sethnacht (reg. 1190-1187 v. Chr.), dessen Name „Seth ist siegreich" bedeutet, begründet die 20. Dynastie. Über seine Abstammung ist bisher nichts bekannt. Vermutlich ist er ein ägyptischer Heerführer, der die Königswürde in der Zeit der Wirren an sich gerissen hat. Während seiner kurzen Regentschaft schafft er es, wieder halbwegs geordnete Verhältnisse im Reich herzustellen. Statuen und Reliefs die auf Siptah und Tausret Bezug nehmen, lässt er entweder zerstören oder so abändern, dass er als direkter Nachfolger von Sethos II. angesehen wird. Parallelen zu Haremhab, dem letzten Herrscher der 18. Dynastie, drängen sich hier unwillkürlich auf.

Die nun folgenden neun Herrscher nennen sich alle Ramses. Mit Ramses II. sind diese Herrscher der 20. Dynastie jedoch nur noch durch ihren gemeinsamen Namen verbunden.

Einzig Ramses III. (reg. 1187-1156 v. Chr.), dem Sohn und direkten Nachfolger Sethnachts, gelingt es, Ägypten wieder für kurze Zeit in altem Glanz erstrahlen zu lassen. Er wird deshalb auch von vielen Ägyptologen als letzter bedeutender Pharao Ägyptens angesehen. Mit ihm tritt in der Herrschaftsfolge wieder eine Kontinuität ein. Ramses III., der in Ramses II. sein großes Vorbild sieht, versucht diesem daher auch auf allen Gebieten nachzueifern.

Von Ramses III. sind uns Bauten von Palästina bis nach Nubien hinunter bekannt. Das beeindruckendste Beispiel seiner Bautätigkeit ist sein Totentempel bei Medinet Habu, der dem Ramesseum seines Vorbildes nachempfunden ist. Der Tempel von Medinet Habu diente nicht nur als Kultstätte für die Götter Amun und Ptah, denen er geweiht wurde, sondern gleichzeitig auch als Palast des Herrschers, wenn dieser sich in Theben aufhielt. Zur Tempelanlage, deren äußere Umwallung 205 mal 315 Meter misst, gehören neben den Kultanlagen auch Wohnräume, Magazine, Kasernen, Stallungen und Gärten mit künstlichen Teichen. Ähnlich wie bei Ramses II., der seine Kriegszüge gegen die Hethiter in den Vordergrund seiner Tempeldekorationen stellte, dominieren im Totentempel Ramses' III. ebenfalls Jagd- und Kriegsszenen. Dargestellt sind vor allem seine erfolgreichen Schlachten gegen die Libyer und die Seevölker.

Die Libyer, welche im 5. Regierungsjahr Ramses' III., und dann nochmals 6 Jahre später, die Westgrenze Ägyptens überschreiten, werden in beiden Fällen vernichtend geschlagen. Dazwischen gelingt es Ramses III., in seinem 8. Regierungsjahr, die aus dem Osten einsickernden Seevölker – in der ersten dokumentierten Seeschlacht der Geschichte – in den Nilmündungen zu besiegen. Gleichzeitig kann er auch deren Vormarsch in den Gebieten Syriens und Palästinas aufhalten.

Totentempel Ramses' III. (Medinet Habu)

Ramses III. hat trotz seiner Siege, und den damit eingenommenen Tributzahlungen, immer wieder mit wirtschaftlichen Missständen zu kämpfen. In der Arbeiterstadt Deir el-Medine kommt es zu Unruhen. Diese, von der Außenwelt abgeschirmte und von Soldaten des Königs bewachte, Siedlung wurde von den Handwerkern und ihren Angehörigen bewohnt, welche die Gräber für die Pharaonen im nahen Tal der Könige errichteten. Die gefundenen Papyri und Ostraka von Deir el-Medine bilden eine nahezu unerschöpfliche Quelle für die etwa 300-jährige Geschichte dieses Ortes und seiner Bewohner. So fand man dort unter anderem Arbeiterlisten, Abrechnungen, Mietverträge, Urkunden und sonstige private Aufzeichnungen vor.

Zur Zeit Ramses' III. häufen sich die Klagen über die wirtschaftlichen Nöte der Arbeiter. Zuständig für die Arbeiter dieser abgeschotteten, kasernenartigen Stadt ist die dem König unterstellte Nekropolenverwaltung. So kommt es unter den Arbeitern des Ortes zu einem Aufstand, als ihre

Entlohnung, die zum größten Teil aus Naturalien besteht, länger als 2 Monate ausbleibt und eine Hungersnot droht. Die Arbeiter ziehen in einem Protestmarsch zum zuständigen Wesir, der seinen Verwaltungssitz im Ramesseum hat, um von ihm ihren ausstehenden Lohn einzufordern. Der erste Streik der Weltgeschichte!

Ähnliche Arbeiterunruhen soll es in Zukunft noch öfter geben, da Unfähigkeit und Korruption in der königlichen Verwaltung die Versorgung des gesamten Landes immer häufiger gefährden. Der Widerstand gegen den Pharao reicht sogar bis in die königliche Familie hinein.

Das ägyptische Museum von Turin verwahrt einen Papyrus, der von einer Palastrevolution gegen den Pharao berichtet. Teje, eine der Nebenfrauen aus dem Harem des Herrschers, scheint mit der Regelung der Thronfolge nicht einverstanden zu sein. Sie verbündet sich mit hohen Palastbeamten, um ihren Sohn – Pentawer – auf den Thron zu bringen. Als Ramses III. sich wieder einmal in Medinet Habu aufhält, beschließen die Verschwörer, den König zu beseitigen.

Ein Wissenschaftler-Team um den Ägyptologen Zahi Hawass, dem Molekulargenetiker Carsten Pusch von der Universität Tübingen und dem Paläopathologen der Europäischen Akademie Bozen (EURAC) Albert Zink haben die Mumie des Pharaos in Kairo computertomographischen, radiologischen und molekulargenetischen Untersuchungen unterzogen. Die in Bozen und Kairo durchgeführten Analysen der CT-Bilder ergaben, dass dem Pharao zu Lebzeiten die Kehle durchtrennt wurde. „Die Halsverletzung ist erst in der Computertomographie sichtbar geworden", berichtet Hawass, der die Mumie bereits des Öfteren zu Gesicht bekommen hatte. Eine Halskrause verdeckt die Verletzung. In den CT-Aufnahmen konnten die Forscher außerdem ein Amulett in der Wunde erkennen, welches ein so genanntes Horusauge darstellt – ein altägyptisches Symbol zum Schutz vor Unfällen und zur Wiedergewinnung von Kraft. „Die durchtrennte Kehle und das Amulett sind eindeutige Hinweise darauf, dass der Pharao ermordet wurde", erklärt Albert Zink. „Das Amulett war ihm nach seinem Tod in die Wunde gelegt worden, um diese für dessen

Nachleben zu heilen." Nicht eindeutig belegbar ist nach Angaben der Wissenschaftler allerdings, ob das Attentat sofort tödlich war. Ramses III. könnte auch später an den Folgen seiner Verletzung gestorben sein.

Ihr eigentliches Ziel – Pentawer auf den Thron zu hieven – erreichen die Harems-Verschwörer jedoch nicht. Das Komplott wird letztendlich aufgedeckt und die Schuldigen kommen vor Gericht.

Das Forscherteam findet dazu einen Hinweis an einer weiteren Mumie. Mittels DNA-Analysen können die Wissenschaftler nachweisen, dass Ramses III. mit einer bislang als „Unbekannter Mann E" bekannten Mumie direkt verwandt war. Man hatte bereits vermutet, dass es sich bei dieser Mumie eines 18-20 Jahre alten Mannes, um den Sohn von Ramses III., um Pentawer handeln könnte, der gemeinsam mit seiner Mutter die Haremsverschwörung angestiftet haben soll, um seinen Vater zu entmachten. Die Forscher konnten nun mittels genetischem Fingerabdruck eine 50-prozentige Übereinstimmung zwischen dem Genmaterial von Ramses und dem der unbekannten Mumie feststellen. „Die Mumie ist somit sehr wahrscheinlich ein Sohn Ramses III. Zur 100-prozentigen Aussage, ob es sich um seinen Sohn handelt, bedürfte es der Genomanalyse der Mutter", erläutert Carsten Pusch. Die Mumie von Teje, der Frau Ramses III. und Mutter Pentawers, ist jedoch nicht erhalten.

Albert Zink hat mit seinem Team auch diese Mumie radiologisch untersucht: „Auffällig war, dass der Körper stark aufgebläht ist. Am Hals konnten wir zudem eine seltsame Hautfalte erkennen. Diese könnte davon stammen, dass er sich selbst erhängt hatte." Zudem sei er mit einem Ziegenfell bedeckt gewesen – das als unrein galt – und sei zudem ohne Organ- und Gehirnentnahme mumifiziert worden, so der Wissenschaftler.

Unter dem legitimen Nachfolger Ramses' III., Ramses IV. (reg. 1156-1150 v. Chr.), werden die Attentäter zum Tode oder zu Verstümmelungen verurteilt. Die Tatsache, dass der Körper von Ramses Sohn auf eine für einen Prinzen unangemessene Art und Weise bestattet war, könnte, so das

Forscherteam von EURAC, darauf hinweisen, dass hier einer der Draht-zieher der Haremsverschwörung bestattet liegt, der – wie das Turiner Ge-richtspapyrus berichtet – die Möglichkeit einer Selbsttötung erhalten hat-te, um schlimmeren Strafen im Jenseits zu entgehen.

In seiner Regierungszeit rüstet Ramses IV. einige Steinbruch-expeditionen aus, so z. B. in seinem 3. Regierungsjahr eine über 8000 Mann starke Expedition ins Wadi Hammamat, zwischen Theben und dem Roten Meer gelegen. Der großzügig angelegte Totentempel des Pharao in Theben-West bleibt unvollendet, da Ramses IV. während der Bauarbeiten stirbt.

Von Ramses V. (reg. 1150-1145 v. Chr.), einem Sohn Ramses' IV. ist wenig bekannt. Interessant ist in diesem Zusammenhang, dass das Ge-sicht seiner Mumie mit Pusteln übersät ist. Bisher glaubte man, dass schon vor tausenden Jahren Menschen in China, Indien und Ägypten – so auch Pharao Ramses V. – den Pocken zum Opfer fielen. Das müsse nun hin-terfragt werden, meint Hendrik Poinar, Direktor des Zentrums für alte DNA an der McMaster University in Hamilton (Kanada). So könnten vermeintliche Pockennarben, wie an der Mumie beschrieben, auch durch Masern oder Windpocken hervorgerufen werden.

Ramses VI. (reg. 1145-1137 v. Chr.) ein weiterer Sohn Ramses' III. und ein Bruder Ramses' IV. muss in seinem ersten Regierungsjahr wiederum gegen die einfallenden Libyer kämpfen. Diese dringen in Oberägypten ein und halten den Tempel von Karnak 8 Monate lang besetzt.

War es die wirtschaftlich angespannte Lage und der damit verbundene Mangel an Arbeitskräften oder fühlt er sich mit seinem Vorgänger so eng verbunden, dass er sich – nach seinem Tod – die Grabanlage (KV 9) mit seinem Neffen (Ramses V.) teilt?

Unter Ramses VII. (reg. 1137-1129 v. Chr.), einem Sohn Ramses' VI. häufen sich die wirtschaftlichen Krisen. Grabplünderungen in den Nekropolen Oberägyptens sind an der Tagesordnung. Daran beteiligt sind auch hohe Regierungsbeamte. Ramses VII. wurde in KV 1 bestattet, jedoch konnte bisher keine Mumie als die seine identifiziert werden.

Mit Ramses VIII. (reg. 1128 v. Chr.) kommt ein weiterer Sohn Ramses' III. auf den ägyptischen Thron. Auf Grund seines hohen Alters regiert er jedoch weniger als ein Jahr. Aus seiner Zeit stammt auch die bisher letzte bekannte Erwähnung Per-Ramses als Residenzstadt.

Die beiden Pharaonen Ramses IX. (reg. 1127-1109 v. Chr.) – vermutlich ein Sohn Ramses' VI. – und Ramses X. (reg. 1109-1105 v. Chr.) – ein Sohn Ramses' IX. – sollen hier nur der Vollständigkeit halber erwähnt werden. Wirtschaftlicher Missbrauch und Grabplünderungen nehmen überhand. Dokumentiert ist ein Grabräuberprozess unter Ramses IX., in deren Folge die Schuldigen gepfählt werden.

Der letzte der Ramessiden und zugleich letzter Pharao der 20. Dynastie – und damit des Neuen Reiches – ist Ramses XI. (reg. 1105 bis etwa 1075 v. Chr.), ein Sohn Ramses' X. In Oberägypten herrschen, auf Grund der desolaten wirtschaftlichen Zustände, wiederum bürgerkriegsähnliche Verhältnisse. Ramses XI. beauftragt daher den Vizekönig von Nubien – Panehsi – im Süden des Landes für Recht und Ordnung zu sorgen. Panehsi besetzt als erstes die Tempelfestung von Medinet Habu und sichert sich dadurch die Versorgung seiner eigenen Truppen. Unter seiner strengen Militärherrschaft entspannt sich die Lage in Oberägypten zunächst. Durch sein rigoroses Vorgehen, wobei er eine eigene, von dem Herrscherhaus unabhängige Politik verfolgt, bringt er jedoch die immer noch mächtige Priesterschaft von Theben gegen sich auf. Diese sehen unter dem starken Vizekönig ihren eigenen Machtanspruch stärker gefährdet als unter einem schwachen Pharao, der im Norden des Landes residiert. Der Hohepriester Amenhotep wendet sie sich deshalb an den Pharao und bittet diesen um Unterstützung gegen den Unterdrücker. Ramses XI. entsendet erneut Truppen in den Süden, diesmal unter dem Befehl Pianch's. General Pianch gelingt es, in einem innerägyptischen Krieg, der sich teilweise bis nach Unterägypten hinein ausweitet, Panehsi zu vertreiben. Dabei werden viele Königsgräber und Tempelanlagen Thebens, von den sich zurückziehenden Truppen Panehsis, geplündert.

Gegen Ende der etwa 30-jährigen Regierungszeit Ramses' XI. ist das Land wiederum zweigeteilt. Im Norden übt ein Schwiegersohn Ramses' XI. die eigentliche Regierungsgewalt aus und begründet nach dessen Tod als Smendes I. die 21. Dynastie. Parallel dazu regiert im Süden General Pianch, der das Hohepriesteramt Amuns und das des Herrschers von Theben auf sich vereinigt. Diesem folgt sein Schwiegersohn Herhior, ein General libyscher Abstammung, der ebenfalls beide Ämter bekleidet und in Theben eine Militärdiktatur im Namen Amuns errichtet.

---

8. Zu den Ramessiden wird sowohl die 19., als auch die 20. Dynastie gezählt. Obwohl neun von zehn Pharaonen der 20. Dynastie den Namen Ramses tragen, sind sie mit den Ramessiden der 19. Dynastie nicht verwandt.

9. Kapitel:
Ramses war (k)ein Ägypter!

Mit Ahmose, dem jüngsten Sohn des ehemaligen Stadtfürsten von Theben, Sekenen-Re, beginnt die 18. Dynastie. Ihm folgt sein Sohn Amenophis I. auf den Thron. Dessen Nachfolger, Thutmosis I., der als eigentlicher Ahnherr der Dynastie gilt, ist jedoch kein direkter Nachkomme, sondern der Schwiegersohn seines Vorgängers. Von Thutmosis I. lässt sich die direkte Linie der Pharaonen bis zu Amenophis IV. (Echnaton) hin verfolgen. Bei dessen Nachfolgern beginnt die 18. Dynastie bereits zu bröckeln. Für Semenchkare und Tut-ench-Amun liegen bis heute noch keine gesicherten Beweise ihrer Abstammung vor. Man weiß bisher nur, dass sie in einem verwandtschaftlichen Verhältnis zu Echnaton standen. Eje, der die Regentschaft bereits im fortgeschrittenen Alter übernommen hatte, scheint von Anfang an nur eine Übergangslösung gewesen zu sein.

Haremhab, der Eje auf dem Thron nachfolgt, hat keinen Sohn als Nachfolger. Er bestimmt deshalb schon zu Lebzeiten seinen Wesir und Vizekönig Pa-Ramses zu seinem Nachfolger, der als Ramses I. die 19. Dynastie begründet. Mit Haremhab geht damit auch offiziell die 18. Dynastie zu Ende.

Die 19. Dynastie, zu welcher Ramses II. gerechnet wird, endet mit dem Kindkönig Siptah, bzw. mit dessen Stiefmutter Tausret. Die nachfolgenden Pharaonen der 20. Dynastie, welche ebenfalls zu den Ramessiden gezählt werden, tragen nur noch den großen Namen des ruhmreichen Herrschers.

Somit haben wir jetzt mit dem ersten Kapitel – der 18. Dynastie – und dem neunten Kapitel – der 20. Dynastie – den Rahmen abgesteckt. Wir erkennen klar, dass die 19. Dynastie – die Dynastie Ramses II. – für sich alleine steht.

Die Familie der Ramessiden stammte ursprünglich aus der Stadt Avaris.

Schauen wir uns deshalb Avaris etwas genauer an.

Avaris ist eindeutig eine ägyptische Stadt. Zwischen 1800 und 1590 v. Chr. war die Stadt jedoch größtenteils von Kanaanitern besiedelt. In dieser Zeit des Umbruchs und der Wirren konnte diese semitische Bevölkerungsgruppe (das spätere Volk Israel) um 1590 v. Chr. Ägypten verlassen. Aus dem kleinasiatischen Raum vertrieben, zogen etwa im gleichen Zeitraum die Hyksos über Syrien und Palästina bis in das Deltagebiet Ägyptens, wo sie sich schließlich niederließen. Die Hyksos machten Avaris während ihrer Besatzungszeit (etwa 1630-1522 v. Chr.) zu ihrer Residenzstadt.

Der Hyksos-Gott Sutech ähnelt dem ägyptischen Seth ebenso, wie dem semitischen Baal. Alle drei Götter verkörpern das Feuer, das rote und die Wüste. Nach diesem Gott Sutech (Seth) trägt auch der Urgroßvater Ramses' II., Suti, seinen Namen. Wic wir wissen, wurde Ramses I. um das Jahr 1360 v. Chr. herum geboren. Dessen Vater, Suti, dürfte dann etwa 20 bis 25 Jahre vorher das Licht der Welt erblickt haben. Nehmen wir also das Jahr 1380 v. Chr. an. Zur Orientierung: Zu diesem Zeitpunkt – etwa einhundertvierzig Jahre nach der Vertreibung der Hyksos – sitzt Amenophis III. auf den ägyptischen Thron. Die 18. Dynastie ist, ebenso wie der Götterkönig Amun, auf dem Höhepunkt ihrer Macht.

Nach den ersten Absätzen dieses Kapitels entdecken wir schon zwei sehr merkwürdige Zufälle, die zudem noch im Zusammenhang stehen. Den Hyksos-Einfall übersteht die Familie der Ramessiden in Avaris anscheinend unbeschadet. Nur einhundertvierzig Jahre später nennt sich einer aus der Familie der Ramessiden Suti (Sethos).

Lassen wir das erst einmal so stehen und machen einen Sprung über zwei Generationen hinweg – zu Sethos I. Als Sohn eines der höchsten Würdenträger des ägyptischen Reiches steht dem jungen Sethos eine umfangreiche Ausbildung zu. So wissen wir aus altägyptischen Aufzeichnungen, dass die Söhne der ägyptischen Oberschicht nicht nur in den Kasernen des Militärs das Kriegshandwerk erlernten, sondern auch Schreibschulen besuchten. In den Schreibschulen – die den Tempeln angegliedert waren – wurde den Jugendlichen, neben dem eigentlichen Schreiben, auch andere grundlegende Fächer, wie Geographie, Mathematik und Geschichte beigebracht. Da der junge Sethos in der Zeit nach Echnaton aufwächst, darf man eigentlich davon ausgehen, dass er in eine der Tempelschulen des wieder erstarkten Reichsgottes Amun ging oder die Palastschule, auf altägyptisch *Kep*, besuchte. Dem ist aber nicht so. Erstaunlicherweise geht Sethos in die Schreibschule des Seth-Tempels von Avaris, wo er später als Kronprinz sogar die Funktion eines Seth-Priesters übernimmt. Unter Sethos I. wird erstmals eine militärische Division nach dem Gott Seth benannt, die in Per-Ramses stationiert ist.

1863 entdeckte Auguste Mariette bei seinen Ausgrabungen in Tanis eine Stele Ramses' II. Diese Stele ist unter der Bezeichnung „400-Jahr-Stele" bekannt geworden. Ramses II. stiftete sie anlässlich seines sechsten Regierungsjubiläums dem Seth-Tempel von Per-Ramses. Während der 21. Dynastie gelangte sie, wie so viele andere Objekte aus Per-Ramses, in die neu gegründete Hauptstadt des Reiches. Die Inschrift der Stele berichtet davon, dass der Pharao sie habe errichten lassen zu Ehren seines Vorfahren Seth-Nubti, dem Sohn des Re, der 400 Jahre zuvor an gleicher Stelle verehrt wurde. Ein Bild auf dem oberen Teil der Stele zeigt, wie Ramses II. dem Gott Seth Wein opfert. Seth ist auf dieser Abbildung mit der Kappe des asiatischen Baal-Gottes, dem ägyptischen Zepter in der einen Hand und dem Anch-Zeichen in der anderen, dargestellt. Damit beschreibt Ramses auf der Stele seine Ahnen – und damit sich selbst – als direkter Nachkomme des Seth-Gottes.

Bei seinem sechsten Sed-Fest dürfte Ramses II. ungefähr siebzig Jahre alt gewesen sein. Da er um 1304/03 geboren wurde, kann man das sechste Thronjubiläum des Herrschers etwa auf das Jahr 1234 v. Chr. datieren. Zu dem gleichen Ergebnis kommt man, wenn man zum Jahr der Thronbesteigung – 1279 – die dreißig Jahre zum ersten Sed-Fest und weitere 5 Thronjubiläen in 3-jährigen Abständen hinzuaddiert, also 45 Jahre: 1234 v. Chr. Zieht man die 400 Jahre ab, die Ramses II. auf der Stele angibt, so hat man den exakten Zeitpunkt ermittelt – 1634 –, der sich mit dem Zeitraum deckt, an dem die Hyksos in das Delta einfielen.

Die Familie der Ramessiden ist erstmals auf dem Höhepunkt der 18. Dynastie in Avaris greifbar. Der Urahne Ramses' II. nennt sich nach dem verfemten Gott der Ägypter – Sethos. Die Stadt Avaris war bis zum Ende des Mittleren Reiches von Hebräern bewohnt. Etwa zeitgleich fiel eine andere Völkergruppe – die Hyksos – in das ägyptische Deltagebiet ein. Die Hyksos machten Avaris zu ihrer Residenz. Hauptgott der Hyksos ist Sutech, der dem ägyptischen Seth gleichgesetzt wird. Etwa 100 Jahre später werden die Hyksos von dem Gründer der 18. Dynastie – Ahmose – wieder vertrieben. Ramses II. bezeichnet in seiner „400-Jahr-Stele" den Seth-Gott als seinen Vorfahren.

Auch die Aussage von Sir Grafton Elliot Smith, an den Mumien Sethos I., Ramses II. und Merenptah „viele fremde [asiatische] Züge, merkwürdig vermischt mit ägyptischen Merkmalen" erkennen zu können, deuten auf eine nicht-ägyptische Abstammung hin. Das Rote Haar Ramses II. ist nur ein weiterer Beleg dafür.

Da Ramses II. aller Wahrscheinlichkeit nach nicht hebräischer Abstammung war, kann er nur ein Nachfolger der Hyksos gewesen sein.

---

10. Natürlich war Ramses II. ein Ägypter! Er war genauso ein ägyptischer Herrscher wie es eintausend Jahre später die Ptolemäerkönige sein werden, deren letzter Herrscher eine Frau war – die berühmte Kleopatra.

Chronologische Übersicht

Diese Chronologie soll Ihnen, liebe Leserinnen und Leser, helfen, sich in der 3000-jährigen Geschichte der alten Ägypter zurechtzufinden. Wem ist eigentlich bewusst, dass uns die letzte Pharaonin Ägyptens – die berühmte Kleopatra – zeitlich näher steht als den Erbauern der Pyramiden? Kleopatra VII. Philopator, wie sie mit vollem Namen hieß, wählte am 10. August nach dem römischen Kalender (dem 12. August heutiger Zeitrechnung) des Jahres 30 vor Christus den Freitod. Der Zeitraum zwischen uns und ihr beträgt also etwa 2050 Jahre, während der zeitliche Abstand von ihr zu Cheops über 2600 Jahre beträgt.

Um die Chronologie anschaulicher zu machen, werden nur die wichtigsten Herrscher, bzw. nur solche, auf die im Buch Bezug genommen wird, namentlich aufgeführt. Sämtliche Pharaonen zu erwähnen – von der Frühzeit bis zur Römerherrschaft kommt man, bedingt durch Doppeldynastien und -regentschaften, auf etwa 500 – würde den Rahmen dieser Übersicht sprengen.

Der Ablauf der ägyptischen Geschichte wird in dreißig, bzw. einunddreißig – wenn man die kurze Zeit der 2. Perserherrschaft dazu rechnet – Dynastien unterteilt. Die Einteilung der Königshäuser in Dynastien geht auf Manetho zurück, der im Auftrag von Ptolemäus II. die ägyptische Geschichte in griechischer Sprache niederschrieb. Auch Manetho, der Hohepriester in Heliopolis war, hatte sein Wissen aus älteren Quellen, die wahrscheinlich als Papyrus-Abschriften in den Tempeln aufbewahrt wurden. Solche – teilweise noch heute vorhandenen – Quellen sind z. B. Teile des *„Palermosteines"*, die *„Königstafeln Sethos' I."* in Abydos und Fragmente des sog. *„Turiner Königspapyrus"*, aus der Zeit Ramses' II. Wie wir wissen, sind solche Königslisten häufig unvollständig. Teilweise wurden sie bewusst verfälscht oder beschönigt. Neueste Forschungen konnten die Reihenfolge der herrschenden Pharaonen, und auch die Dauer ihrer Regierungszeiten, teilweise korrigieren. Die hier angegebenen Jahreszahlen können – und sollen – trotzdem nur Eckdaten sein.

Vorzeit

1. Dynastie (etwa 3000-2850 v. Chr.)

- Menes

2. Dynastie (etwa 2850-2740 v. Chr.)

Altes Reich

3. Dynastie (etwa 2740-2670 v. Chr.)

- Djoser

4. Dynastie (etwa 2670-2500 v. Chr.)

- Cheops

- Chephren

- Mykerinos

5. Dynastie (etwa 2500-2350 v. Chr.)

6. Dynastie (etwa 2348-2198 v. Chr.)

- Pepi II.

1. Zwischenzeit

7. bis 10. Dynastie (etwa 2198-2081 v. Chr.)

Mittleres Reich und 2. Zwischenzeit

11. Dynastie (etwa 2081-1938v. Chr.)

- Mentuhotep II.

12. Dynastie (etwa 1938-1759 v. Chr.)

- Amenemhet I.

- Amenemhet III.

- Nofrusobek (Kgn.)

13. und 14. Dynastie (etwa 1759-1630 v. Chr.)

15. Dynastie – Große Hyksos (etwa 1630-1522 v. Chr.)

- Apopi

- Chalmudi

16. Dynastie – Lokale Kleinkönige

(etwa Zeitgleich mit der 15. Dynastie)

17. Dynastie (etwa 1625-1539 v. Chr.)

- Sekenen-Re

- Kamose

Neues Reich

18. Dynastie (etwa 1539-1292 v. Chr.)

- Ahmose

- Amenophis I.

- Thutmosis I.

- Thutmosis II.

- Hatschepsut (Kgn.)

- Thutmosis III.

- Amenophis II.

- Thutmosis IV.

- Amenophis III.

- Amenophis IV. (Echnaton)

- Meritaton? (Kgn.)

- Semenchkare

- Tut-ench-Amun

- Eje

- Haremhab

19. Dynastie (etwa 1292-1190 v. Chr.)

- Ramses I.

- Sethos I.

- *Ramses II.*

- Merenptah

- Sethos II.

- Amenmesse

- Siptah

- Tausret (Kgn.)

20. Dynastie (etwa 1190-1075 v. Chr.)

- Sethnacht

- Ramses III.-XI.

3. Zwischenzeit und Spätzeit

21. Dynastie (etwa 1075-945 v. Chr.)

- Smendes I. (im Norden)

- Pianch (im Süden)

- Herhior (im Süden)

- Pinodjem II. (im Süden)

- Siamun (im Norden)

22. bis 25. Dynastie (etwa 945-656 v. Chr.)

Assyrische Herrschaft (671-664 v. Chr.)

26. Dynastie – Saitenzeit (664-525 v. Chr.)
- Psammetich I.
- Necho II.

27. Dynastie – Erste Perserherrschaft (525-402 v. Chr.)
- Kambyses II.
- Xerxes I.

28. und 29. Dynastie (401-380 v. Chr.)

30. Dynastie (380-343 v. Chr.)
- Nektanebos I.
- Nektanebos II.

31. Dynastie – Zweite Perserherrschaft (343-332 v. Chr.)

Griechische Zeit

Makedonen und Ptolemäer (332-30 v. Chr.)

- Alexander der Große

- Ptolemäus I.-XII.

- Kleopatra VII. Philopator (Kgn.)

Unter Octavian, der später den Ehrennamen Augustus = „der Erhabene" erhält, wird Ägypten zur römischen Provinz – mit 3 im Land stationierten Legionen.

Stammbaum der 19. Dynastie

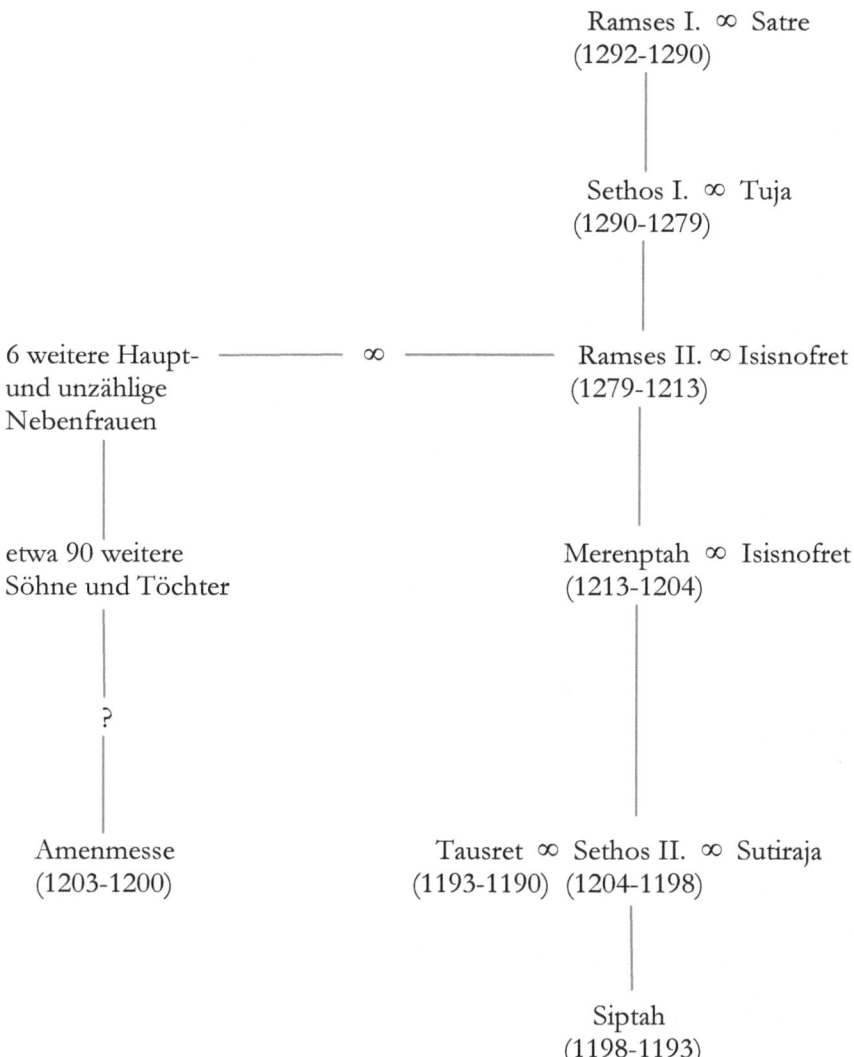

Ramses I. ∞ Satre
(1292-1290)

Sethos I. ∞ Tuja
(1290-1279)

6 weitere Haupt- ——————— ∞ ——————— Ramses II. ∞ Isisnofret
und unzählige   (1279-1213)
Nebenfrauen

etwa 90 weitere   Merenptah ∞ Isisnofret
Söhne und Töchter   (1213-1204)

?

Amenmesse   Tausret ∞ Sethos II. ∞ Sutiraja
(1203-1200)   (1193-1190) (1204-1198)

Siptah
(1198-1193)

Literaturverzeichnis

Arnold, Dieter: Die Tempel Ägyptens. Götterwohnungen, Kultstätten, Baudenkmäler. Artemis & Winkler Verlag, Zürich 1992

Belzoni, Giovanni: Entdeckungsreisen in Ägypten 1815-1819; In den Pyramiden, Tempeln und Gräbern am Nil. Mit einer Geschichte der Ägyptenreisen seit dem 16. Jahrhundert von Ingrid Nowel. Hrsg. von Ingrid Nowel. DuMont, Köln 1982

Brandau, Birgit / Schickert, Hartmut: Hethiter. Die unbekannte Weltmacht. Piper Verlag GmbH, München 2001

Burckhard, Johann Ludwig: Entdeckungen in Nubien 1813-1814. Hrsg. bearb. u. eingel. von Helmut Arndt; Erdmann, Tübingen 1981

Clayton, Peter A.: Die Pharaonen. Herrscher und Dynastien im alten Ägypten. Econ Verlag GmbH, Düsseldorf 1995

Desroches Noblecourt, Christiane: Ramses. Sonne Ägyptens. Gustav Lübbe Verlag GmbH, Bergisch Gladbach 1997

Donadoni, Sergio (Hrsg.): Der Mensch des Alten Ägypten. Lizenzausg. Fischer Taschenbuchverlag GmbH, Frankfurt am Main 1997

Fischer-Fabian, Siegfried: Alexander. Der Traum vom Frieden der Völker. Gustav Lübbe Verlag GmbH, Bergisch Gladbach 1994

Gardiner, Sir Alan: Geschichte des Alten Ägypten. Weltbild Verlag GmbH, Augsburg 1994

Germer, Renate (Hrsg.): Das Geheimnis der Mumien. Ewiges Leben am Nil. Ausstellungskatalog zur Ausstellung gleichen Namens. Prestel Verlag, München – New York 1997

Germer, Renate: Mumien. Zeugen des Pharaonenreichs. Artemis & Winkler, Zürich u. München 1991

Habachi, Labib: Die unsterblichen Obelisken Ägyptens. Überarb. und erw. Neuaufl. / von Carola Vogel. Verlag Philipp von Zabern, Mainz am Rhein 2000

Höveler-Müller, Michael (Hrsg.): Das Hatschepsut-Puzzle. Die Pharaonin und ihr rätselhafter Flakon – hautnah. Nünnerich-Asmus Verlag & Media, Mainz am Rhein, 2015

Hornung, Erik: Grundzüge der ägyptischen Geschichte. Wissenschaftliche Buchgesellschaft Darmstadt, 4. unveränd. Aufl. 1992

Hornung, Erik: Tal der Könige. Artemis Verlag, Zürich u. München, 5. Aufl. 1990

Husemann, Dirk: Vaterschaftstest für Pharao. Wie Genforschung archäologische Rätsel entschlüsselt. Konrad Theiss Verlag GmbH, Stuttgart 2008

Jacq, Christian: Das Tal der Könige. Geschichte und Entdeckung eines Monumentes der Ewigkeit. Rotbuch Verlag, Hamburg 1998

James, Thomas Garnet Henry: Pharaos Volk. Leben im alten Ägypten. Artemis, Zürich u. München 1988

Knaurs Kulturführer in Farbe. Ägypten. Droemer Knaur, München 1987

Konzelmann, Gerhard: Der Nil. Heiliger Strom unter Sonnenbarke, Kreuz und Halbmond. Deutscher Taschenbuchverlag GmbH & Co. KG, München, 6. Aufl. Januar 1988

Krauss, Rolf: Das Moses-Rätsel. Auf den Spuren einer biblischen Erfindung. Econ Ullstein ListVerlag GmbH & Co. KG, München 2001

Lauer, Jean-Philippe: Die Königsgräber von Memphis. Grabungen in Saqqara. Lizenzausgabe für Manfred Pawlak Verlagsgesellschaft mbH, Herrsching 1991

Lurker, Manfred: Götter und Symbole der alten Ägypter. Lizenzausg. Lübbe TB, Bergisch Gladbach, 2. Aufl. 1992

Mahdy el, Christine: Tutanchamun. Leben und Sterben des jungen Pharao. Vollständige Taschenbuchausg. Goldmann Verlag, München, 1.

Aufl. Januar 2004

Riche La, William: Alexandria. Die versunkene Stadt. R. Piper GmbH & Co. KG, München 1996

Rohl, David: Pharaonen und Propheten. Das Alte Testament auf dem Prüfstand. Droemer Knaur, München 1996

Saghir el, Mohammed: Das Statuenversteck im Luxortempel. Verlag Philipp von Zabern, Mainz am Rhein 1992

Schlögl, Hermann A.: Das Alte Ägypten. Verlag C. H. Beck, München 2003

Schlögl, Hermann A.: Ramses II. Rowohlt Taschenbuch Verlag, Reinbek bei Hamburg 1993

Schneider, Thomas: Lexikon der Pharaonen. Artemis & Winkler, Zürich 1994

Scholz, Piotr O.: Abu Simbel. In Stein verewigte Herrschaftsidee. DuMont, Köln 1994

Schüssler, Karlheinz: Kleine Geschichte der ägyptischen Kunst. DuMont, Köln 1988

Schüssler, Karlheinz: Von Theben bis Luxor. DuMont, Köln 1995

Schuler, Wolfgang: Taschenlexikon altes Ägypten. Piper Verlag GmbH, München 2000

Schulze, Peter H.: Hatschepsut. Herrin beider Länder. Lübbe TB, Bergisch Gladbach 1976

Settgast, Jürgen, in: Ägyptisches Museum, Staatliche Museen Preußischer Kulturbesitz. Belser AG, Stuttgart 1980

Time-Life: Ramses II. – Machtentfaltung am Nil. Dt. Ausgabe 1994

Tyldesley, Joyce: Hatschepsut. Der weibliche Pharao. Limes Verlag GmbH, München 1997

Tyldesley, Joyce: Ramses. Ägyptens größter Pharao. Econ Ullstein List Verlag GmbH & Co. KG, München 2002

Vandenberg, Philipp: Nofretete. Heyne TB, München 1988

Vandenberg, Philipp: Ramses der Große. Lübbe TB, Bergisch Gladbach 1980

Verner, Miroslav: Die Pyramiden. Rowohlt Verlag GmbH, Reinbek bei Hamburg 1998

Weeks, Kent R.: Ramses II. Das Totenhaus der Söhne. Die sensationelle Ausgrabung im Tal der Könige. Droemersche Verlagsanstalt Th. Knaur Nachf., München 1999

Zangger, Eberhard: Ein neuer Kampf um Troia: Archäologie in der Krise. Droemersche Verlagsanstalt Th. Knaur Nachf., München 1994

Zeitfracht Medien GmbH
Ferdinand-Jühlke-Straße 7
99095 Erfurt, Deutschland
produktsicherheit@kolibri360.de